젊은 너에게 말해주고 싶은 이야기

젊은 너에게
말해주고 싶은
이야기

1판 1쇄 발행   2025년 9월 1일

지은이   손순신
펴낸이   정원우
편집총괄   민지현
디자인   홍성권

펴낸곳   어깨 위 망원경
출판등록   2021년 7월 6일 (제2021-00220호)
주소   서울시 강남구 강남대로 118길 24 3층
이메일   book@premiumpublish.com

ISBN   979-11-93200-28-5 03810

ⓒ2025, 손순신 All rights reserved.

이 책은 저작권법에 따라 보호받는 저작물이므로 무단전재와 무단복제를 금지하며,
이 책의 내용을 이용하려면 반드시 저작권자와 본사의 서면동의를 받아야 합니다.

젊은 너에게
말해주고 싶은
이야기

손순신 지음

파랑
波浪

프롤로그

**또 하루가
멀어져 가지만,
그래서 더
아름다운 인생**

또 하루가 멀어져 간다. 청춘이 언제나 머물러 있을 것만 같았던 시절도 있었지만, 결국 시간은 멈추지 않는다. 하루, 한 달, 어느새 일 년이 흐른다. 그렇게 세월은 우리가 붙잡을 새도 없이 덧없이 지나간다. 인생, 정말 잡을 수만 있다면 잡고 싶을 때가 있다. 그러나 가만히 생각해보면, 시간이 흐르는 그 자체가 인생의 아름다움인지도 모른다.

삶이 지겨울 때면 시간은 유난히 더디게 가는 듯하다. 하지만 그 느림마저도 지나고 보면 다시는 돌아오지 않을 소중한 시간이었다. 하루가 가고, 한 달이 가고, 해가 바뀌어도 우리의 꿈은 여전히 멀게만 느껴질 때가 많다. 그래서 우리는 묻게 된다. "나는 오늘, 무엇을 했는가?" 그렇게 자문하는 순간들이 우리를 다시 앞으로 나아가게 만든다.

우리는 알아야 한다. 인생은 원래 빈 그릇 같은 것이라는 사실을. 나이가 들면 지나온 날들이 영화처럼 스쳐간다. 그 장면들이 아름다운지, 허무한지는 결국 어떻게 살아냈는가에 달려 있다. 바쁘게 돌아가는 세상 속에서 우리는 문득문득 행복을 느낀다. 그 짧은 순간들이 모여 인생이라는 긴 여정을 만든다. 인생이 멋지고 아름다워지려면, 결국 열심히 살아야 한다.

허무함이 가끔 찾아와도, 우리는 멈추지 않는다. 돈을 버는 일이 힘들어도, 그 돈으로 사랑하는 사람과 밥을 먹고, 여행을 떠나고, 나 자신을 위해 무언가를 할 수 있다면 그게 바로 행복이 아닐까. 인생은 복잡한 듯하면서도 단순하다. 열심히 살고, 얻은 만큼 나에게 베푸는 삶. 그것이 우리가 꾸는 인생의 소박하고도 찬란한 꿈이다.

그러니 오늘도 화이팅하자. 또 하루가 가고 있지만, 내일은 또 온다. 열심히 일하고, 배우고, 깨닫다 보면 지금의 고됨조차도 언젠가 웃으며 말할 수 있는 이야기가 된다. 늙은 날에도 "그래도 내 인생, 참 아름다웠다"고 말할 수 있도록, 지금 이 순간을 살아가자. 하루하루가 멀어져 가는 만큼, 인생은 더 깊어지고 더 아름다워지는 것이다.

차례

프롤로그	또 하루가 멀어져 가지만,
5	그래서 더 아름다운 인생

1부 젊은 날, 내가 배운 것들

16	창문 너머의 기억
19	기억 저편의 목소리
22	송도의 섬, 그리고 그 여름의 기억
25	젊은 날의 선택이 인생을 바꾼다
28	그 여름, 바다와 노래와 우산 아래
31	기술은 삶을 밝히는 불빛이다
34	세월 앞에서, 이제야 말할 수 있는 것들
37	올바른 종교, 바른 삶의 길잡이
40	돈보다 사람, 노력보다 진심
44	꿈은 나이를 묻지 않는다

47	차원의 사유, 인간의 꿈
50	삶은 계절처럼, 흘러가며 배우는 것
54	삶을 위해 일한다는 것
58	젊음을 낭비하지 않기 위하여
61	힉스 입자와 인간의 상상력
64	평범한 행복, 그러나 점점 어려워지는 이유
67	기술이 미래를 만든다, 우리가 미래를 만든다
71	그냥, 그렇게 사는 것도 괜찮다
74	마지막 날에 대한 상상
78	혼자의 밥상, 그리고 마음속 빈자리
82	믿음과 현실 사이에서

2부　　　일, 삶, 그리고 나를 지키는 기술들

86	불완전한 우리가 세상을 움직인다
89	아름다움은 살아내는 힘에서 온다
92	행복해져라, 행복해져라.
95	허무 속에서도, 나는 행복을 생각한다
98	버리지 못하는 것들, 그래도 살아간다
101	기술과 함께 살아가는 삶
105	냉동 인간과 인간의 끝없는 욕망
108	개인주의와 공존의 균형
112	인간적인 글, 인간적인 나
115	암흑 물질과 빛, 그리고 인간의 상상력
118	나는 까마귀였을까
121	아버지들의 땀방울 위에 선 오늘
124	꿈과 야망, 그리고 현실 속의 믿음
127	마지막 날에도 한 그루의 나무를 심겠다
130	죽음을 준비하는 삶, 편안한 마지막을 위하여
133	다가올 한 해를 위한 다짐
136	최선을 다하는 삶이 아름답다
140	만족과 불만, 그 사이에서의 삶
143	가난에서 벗어나는 길, 반복과 노력
146	나를 마주하는 용기

3부	사람 사이에서 흔들리며 깨달은 것들
150	열심히 살아가는 한 해를 위하여
153	빚 없이 산다는 것의 가치
156	국민이 살아야 나라가 산다
159	북한을 보며, 우리를 돌아본다
162	적당한 일과 적당한 휴식, 그게 내 삶이다
166	헛됨 속에서 찾는 희망
169	인간의 잔인함과 우리가 마주한 현실
173	우리가 지켜야 할 삶과 이 땅의 의미
176	침묵이 만든 무관심, 그리고 용기의 필요
179	공부만으로는 삶이 채워지지 않는다
183	기술이 만드는 삶의 보람
186	봄이 오듯, 삶도 언젠가는 피어난다
189	우리가 부르던 노래를 다시 부를 수 있다면
192	사랑, 기대와 현실 사이에서
195	사랑은 꿈이 아니라 삶이다
199	참 요지경인 세상, 그래도 함께 살아야 한다
202	사랑도, 인생도 결국은 '열심히'에서 시작된다
206	좋은 머리, 중소기업에 도전하세요

4부　　　　믿음과 세상에 대한 나만의 방식

210　　　찬양하는 인간으로 살아간다는 것
213　　　신앙과 현실 사이에서
216　　　권력과 정의, 그리고 역사의 교훈
219　　　하나님을 믿는다는 것
222　　　세월호를 기억하며, 삶과 죽음의 경계에서
225　　　믿음의 본질을 찾아서
228　　　하나님 앞에 정직한 신앙을 위하여
231　　　허무 속에서도 살아가는 이유
234　　　종교, 법, 그리고 인간의 길
238　　　과학의 그림자와 인간의 해석
241　　　지켜야 할 것이 많은 민주주의
244　　　관점과 상상, 그리고 지나간 역사
247　　　진짜 민주주의는 노력에서 시작된다
250　　　권력과 돈, 그리고 우리가 꿈꾸는 민주주의
253　　　여름, 잠시 멈추어 쉬어가는 계절
255　　　대학, 기술, 그리고 현실의 무게
258　　　그냥 사는 것이 행복이다
262　　　나 하나 지키는 삶, 그것도 나쁘지 않다
265　　　신, 인간, 그리고 삶을 위한 노력
269　　　노력과 공평함이 만드는 세상

5부	지금의 나로 살아가기까지
274	허무와 여유 사이에서
278	늙어서 후회하지 않기 위해, 지금 해야 할 일
281	신을 닮고 싶은 인간, 인간임을 잊지 말아야 할 이유
284	누가 누구를 선택하는가에 대하여
288	자유와 배움, 그리고 인간다운 삶의 조건
292	대기업, 중소기업, 그리고 나라의 미래
296	즐겁게 일한다는 것의 의미
299	반복은 삶의 본질이다
302	바다 속, 삶의 경계를 넘다
305	내 인생, 멋지게 살고 싶다면
309	삶은 무게가 아니라 방향이다
313	새로운 것을 향한 인간의 본능
317	'그냥 웃지요'로는 바꿀 수 없는 현실
321	교복, 그 한 벌에 담긴 땀과 현실
325	인간의 욕망과 신에 대한 그리움
329	전문가와 박사, 노력의 끝에 서 있는 이름들
333	인생의 아름다움은 어디에서 오는가
336	젊은 세대와 함께 풀어야 할 현실의 무게
339	인간과 신, 그 사이의 사유

에필로그	인생은 꿈이었다,
342	그리고 아직도 꿈이다

1부

젊은 날,
내가 배운
것들

창문
너머의
기억

어릴 적, 당시 나는 사랑이 무엇인지도 모르는 나이였다. 그저 장난이 좋고 친구들과 어울리는 게 세상의 전부였던 때, 나를 좋아하던 여자아이가 있었다. 지금 생각해보면, 그 감정이 사랑이었는지 아니었는지조차 모른다. 하지만 분명한 것이 있다. 그 아이는 나에게 특별한 존재였고, 나는 그 아이와의 기억을 지금까지도 또렷이 기억하고 있다는 사실이다.

나는 공부를 잘하지 못했다. 교과서를 펴는 것보다는 운동장을 뛰노는 게 더 쉬웠고, 책상 앞에 앉아 있는 시간은 늘 고역처럼 느껴졌다. 하지만 그 아이는 달랐다. 말수가 많지도 않았고 특별히 눈에 띄지도 않았지만, 뭔가 반듯하고 따뜻한 면이 있었다. 그런 아이가 나를 자기 집에 데려가 함께 공부를 하자고 했다. 나는 처음엔 어리둥절했고, 그다지 마음이 내키지도 않았다. 그런데 그녀는 굳이 나를 챙겼고, 함께 앉아 문제를 풀자고, 피아노를 치다가도 내 옆에 와 앉아주곤 했다.

그 아이는 나와는 다른 세상에 사는 것처럼 보였다. 집은 아늑하고 정돈되어 있었고, 피아노가 있는 집이라는 것 자체가 내겐 놀라운 일이었다. 반면 나는 가난했고, 그런 공간이나 악기를 가져본 적도 없었다. 더구나 나는 그 아이에게 잘해준 기억도 없다. 그런데도 왜 날 좋아했을까. 그 따뜻한 눈빛과 배려는 지금 생각해도 이상할 만큼 나를 감싸고 있었다.

시간이 흘러 한 학년이 지나고 우리는 다른 반이 되었다. 자연스럽게 멀어졌고, 함께 공부하던 일도, 피아노

소리도 기억 속으로 사라졌다. 그러던 어느 날, 나는 운동장에서 친구들과 놀고 있었다. 해가 기울 무렵이었고, 교실 창가 근처에서 누군가 내 이름을 부르는 소리가 들렸다. 그 익숙한 목소리. 고개를 들어 창문을 올려다보았을 때, 거기엔 그 아이가 있었다. 여전히 조용하지만 또렷한 표정으로 나를 바라보던 그 얼굴은, 이상하게도 내 마음에 무언가를 남겼다.

그날 이후, 나는 그 아이와 다시 많은 이야기를 나누진 못했다. 시간이 지나면서 학교를 졸업했고, 서로의 삶은 각자의 길로 흘러갔다. 하지만 그 창문 너머의 순간, 나를 불러 세우던 목소리와 그 눈빛은 내 어린 시절의 순수한 한 조각으로 남았다. 우리는 어릴 때, 무엇인지 모르면서도 누군가를 향해 마음을 내민다. 계산도 이해도 없이. 그것이 진짜였는지 아닌지는 중요하지 않다. 중요한 건, 그 시절 나에게도 누군가가 따뜻한 마음을 건넸고, 나는 그 기억을 여전히 품고 살아가고 있다는 것이다.

이건 소설 같은 나의 이야기다. 어쩌면, 누구에게나 잊히지 않는 창문 너머의 기억이 하나쯤 있을지도 모른다.

기억
저편의
목소리

어느 오래된 기억 속, 나는 창가에서 내 이름을 부르던 한 여자아이를 떠올린다. 그녀는 얼굴이 보이지 않는 어둠 속에서 나를 불렀다. 마치 나를 알고 있다는 듯, 아니 꼭 알아야 한다는 듯한 목소리였다. 하지만 나는 그녀가 누구인지 알 수 없었다. 낯선 목소리, 낯선 감정. 그날 이후로도 나는 그 아이가 누구였는지를 알지 못한 채, 그 기억을 서서히 뒤로 밀어내며 살아왔다.

시간이 흘렀다. 전철 안, 분주한 일상 속 어느 날. 문득 내 앞에 한 여학생이 서 있었다. 익숙하지 않지만 어딘가 마음을 건드리는 기분. 앉아 있지도 않았고 말을 걸지도 않았지만, 나는 그 순간 뭔가를 느꼈다. 하지만 역시, 나는 모른 체했다. 이름도, 얼굴도, 기억도 정확하지 않았기에 그저 스쳐 지나갔다.

그 후, 또 한참의 시간이 지나 나는 교회에서 다시 그녀를 보았다. 고등학생이 된 그녀는 나와는 전혀 다른 세계에 있는 사람처럼 보였다. 이번에는 내가 관심을 갖게 되었다. 괜히 눈길이 가고, 말 한마디라도 나누고 싶었다. 하지만 그녀는 나에게 전혀 관심이 없었다. 마치 처음부터 나를 몰랐다는 듯, 전혀 시선을 주지 않았다. 그렇게 다시 우리는 멀어졌고, 더 이상 그녀를 만날 기회는 오지 않았다.

누군가의 기억 속에 오래 머무른다는 것은 어떤 의미일까. 때로는 우리가 기억하지 못하는 순간에도 누군가는 우리를 기억한다. 그리고 우리가 간절히 기억하려 해도, 상대는 이미 먼 곳으로 떠나 있을 수도 있다. 그녀가 나를 정말 알고 있었는지, 내가 그녀를 몰랐던 것이 죄였는지, 지금도 알 수 없다. 다만 분명한 것은, 그 목소리와 그 시선은 오래도록 내 마음 한켠에 남아 있었다는 것이다.

어쩌면 인연이라는 건 그렇게 어긋난 채 스쳐 지나가기도 한다. 그리고 가끔은, 그 어긋남 자체가 우리가 품고 살아가는 이야기의 일부가 되기도 한다.

송도의 섬,
그리고
그 여름의 기억

고등학교를 졸업하고 처음 마주한 세상은 생각보다 거칠고 복잡했다. 내가 처음 취직한 곳은 작은 모터를 만드는 선반 회사였다. 일은 고되었지만, 내게 친절했던 한 오야가 있었다. 말수가 적은 나를 챙겨주던 그 사람 덕분에 한동안은 버틸 수 있었다. 하지만 월급은 적었고, 생활은 빠듯했다. 결국 나는 그 회사를 그만두고 새로운 길을 찾아야 했다.

그 다음으로 간 곳은 피아노를 만드는 공장이었다. 악기라는 것만으로도 왠지 마음이 들떴다. 나는 어릴 적부터 음악에 소질이 있었고, 노래나 리듬에 자연스럽게 반응하는 편이었다. 그 때문인지 모르게 여자 직원들과도 금세 가까워졌다. 나를 좋게 봐주는 이들도 있었는데, 그 중 한 명이 특히 인상 깊었다. 예쁘고 밝은 누나였다. 나는 그 누나와 친해지기 위해 노력했고, 함께 이야기하고 웃는 시간이 늘어나면서 우리는 점점 가까워졌다.

그러던 중 또 한 명의 새 얼굴이 공장에 들어왔다. 특별한 기대 없이 인사를 건넸고, 일하면서 대화를 나누기 시작했다. 그녀는 유난히 내 말을 잘 들어주었고, 자주 내 옆에 와 머물렀다. 나는 별다른 마음이 없었지만, 그녀는 내게서 위안을 느꼈던 것 같다. 그 무렵 회사는 혼란스러웠다. 공장의 주요 기계들이 하나둘 중국으로 옮겨지고 있었고, 직원들은 이를 막기 위해 집단 행동에 나섰다. 하지만 나는 갓 들어온 신입이었고, 데모에 참여하지 않았다. 데모가 진행될 때면 나는 탈의실에서 조용히 잠을 청했고, 언젠가는 담을 넘어 집으로 돌아오기도 했다. 다음 날, 회사에서 전화가 왔다. 어떻게 그렇게 무단으로 나갔냐고 묻는 목소리에 아무 말도 할 수 없었다.

시간은 흘러 어느새 여름이 왔다. 무거웠던 분위기를 털어내듯 회사에서는 송도로 야유회를 떠났다. 바닷바람이 기분 좋았고, 사람들도 그날만큼은 웃음이 많았다. 나는 무리를 잠시 벗어나 근처 섬으로 걸음을 옮겼다. 조용한 그곳에서 바다를 바라보며 혼자만의 시간을 보내고 있을 때였다. 익숙한 발소리가 다가왔다. 나와 자주 이야기하던 누나가 나를 따라온 것이었다.

말없이 옆에 앉은 그녀와 나는 한동안 아무 말도 하지 않았다. 굳이 무언가를 말로 풀어야 할 필요도 없었고, 그저 바람이 불고 물결이 출렁이는 그 풍경 속에 함께 있다는 것이 충분했다. 짧았지만 강렬했던 그 여름날의 기억은, 지금도 내 마음속에 선명하게 남아 있다. 그 시절, 나는 어설프고 미숙했지만 누군가와 함께 웃고, 이야기하고, 기억을 만들 수 있었다. 그리고 그것만으로도 그 여름은 내 인생에서 가장 따뜻한 장면 중 하나로 남았다.

젊은 날의
선택이
인생을 바꾼다

사람은 누구나 자신을 먼저 생각한다. 그것은 어쩌면 당연한 일일지 모른다. 내가 행복해야 남도 돌아볼 수 있고, 나의 삶이 무너진 채로 타인을 도울 수는 없기 때문이다. 그러나 세상을 살아가는 데 있어 '배려'라는 것은 꼭 필요한 미덕이다. 배려는 남을 위하는 마음이 아니라, 함께 살아가는 방법에 대한 성찰이며, 내가 아닌 타인의 입장에서 한 번쯤 생각해보는 일이다.

현대 사회를 보면, 특히 젊은이들의 삶에서 이런 고민들이 더욱 두드러진다. 안정된 직장을 원하고, 좋은 조건을 찾아 대기업이나 공무원, 사무직을 선호하는 건 누구나 같은 마음일 것이다. 그러나 그 길은 모두에게 열려 있지 않다. 한정된 일자리를 향한 경쟁 속에서 많은 청년들이 기다림과 낙담을 반복한다. 그러면서도 '작은 회사', '작은 공장'은 외면된다. 이유는 단순하다. 일이 고되고 급여가 낮기 때문이다.

하지만 우리가 사는 세상은 그런 단순한 공식으로만 움직이지 않는다. 사회를 지탱하는 수많은 노동은 눈에 띄지 않는 곳에서 이뤄지고, 우리 일상을 편하게 만들어주는 거의 모든 물건은 누군가의 손에서 만들어진다. 그것이 작은 기업, 중소공장의 몫이다. 젊은이들이 외면한 그 일터에서 수많은 중장년층이 여전히 묵묵히 일하고 있다. 나이는 점점 들고, 젊은 인력은 줄어드니 기술은 이어지지 못하고, 일의 무게는 점점 더 무거워지고 있다.

젊을 때는 무엇이든 할 수 있다고 생각하지만, 그 시기를 놓치면 인생은 너무 빠르게 흘러간다. 결혼도 늦어지고, 돈도 모이지 않으며, 삶의 의욕조차 사라진다. 기술은 배워야만 몸에 남고, 경력은 쌓아야만 빛을 발한다. 지금 조금 힘들어도, 지금 조금 적게 벌어도 괜찮다. 시간이 지나면 그만큼의 보상이 따라온다. 세상에는 편한 길만 있는 것이 아니다. 그리고 대기업만이 정답도 아니다. 더디더라도, 작은 곳에서라도, 기술을 배우고 삶을 단단히 다지는 것이 결국 자신을 살리고 나라를 지키는 길이다.

그러니 젊은 사람들이여, 다시 생각해보자. 지금의 고생이 헛되지 않음을 믿고, 지금의 선택이 미래를 만든다는 것을 잊지 말자. 세상은 결국 자신이 일군 만큼 되돌려준다. 힘들다고, 돈이 적다고 피하지 말자. 그 길이 오히려 살 길이 될 수 있다. 일하자, 배우자, 그리고 살아가자. 지금이 바로 그 출발점이다.

그 여름,
바다와 노래와
우산 아래

그날, 나는 아무 생각 없이 바위 위에 올라갔다. 바다는 조용했고, 햇살은 따가웠지만 바람은 시원했다. 그런데 그 누나가 내 뒤를 따라 올라왔다. 나는 자연스럽게 손을 내밀었고, 그녀는 그 손을 잡고 올라왔다. 우리는 아무 말 없이 바다를 바라보았다. 꼭 무엇을 말해야 할 필요는 없었다. 그저 같은 방향을 바라보며 앉아 있는 것만으로 충분했다. 잠시였지만, 그 고요한 순간이 오래 기억에 남는다.

　자유 시간이 끝나고 장기자랑 시간이 되었다. 나는 기타를 들고 무대에 올랐다. 유재하의 '사랑하기 때문에'를 불렀다. 좋아하던 노래라 마음을 담아 부르고 싶었다. 하지만 무대에 서는 순간, 심장이 너무 빨리 뛰었고 목소리는 떨렸다. 결국 나는 노래를 제대로 부르지 못했다. 민망하고 아쉬운 마음이 가득했지만, 그것도 그날의 추억이었다.

　사진을 찍는 시간이 되었다. 나는 마음에 두고 있던 여자아이에게 다가갔다. 용기를 내어 "같이 찍을래요?"라고 묻고, 함께 찰칵. 사진 한 장에 담긴 어색한 미소와 심장의 두근거림은, 그 시절 내 나름의 고백이었다.

　야유회는 그렇게 끝나고, 다시 평범한 일상이 시작되었다. 공장에서는 여전히 시끄러운 기계 소리와 일과 중 나누는 수다가 반복되었다. 그러던 어느 날, 퇴근 시간에 비가 내렸다. 나는 우산이 없었다. 당황한 채 서 있는데, 저 멀리 우산을 쓴 누나가 보였다. 그녀 옆으로 다가가 함께 쓰자고 했다. 그녀는 자연스럽게 우산을 기울

였고, 우리 어깨는 닿았다. 그녀는 말없이 나와 어깨동무를 하며 버스 정류장까지 걸어갔다. 그 짧은 길은 내 마음에 오래 남았다.

하지만 그 따뜻했던 기억과는 다르게 내 일상은 점점 지쳐갔다. 이유는 단순했다. 월급이 너무 적었고, 앞으로가 보이지 않았다. 그 따뜻한 여름도, 그 사람도, 그 순간들도 결국은 버텨야 했던 삶의 무게 앞에서 흔들렸다. 나는 결국 그 회사를 그만두었다.

집을 나와 일자리 센터에 갔다. 선택지는 많지 않았다. 현장 일, 전기 일 같은 것들이 내 눈에 들어왔다. 다시 시작해야 했다. 하지만 이상하게도, 그 여름의 기억들은 내 발걸음을 무겁게 하지 않았다. 바위 위의 바다, 무대 위의 떨림, 비 오는 날의 어깨, 그리고 조심스러운 찰칵. 삶은 거칠었지만, 나는 한때 따뜻한 순간들 속에 있었다. 그 기억 하나하나가, 내가 다시 앞으로 나아갈 수 있는 작은 불빛이 되어주었다.

기술은
삶을 밝히는
불빛이다

나는 전기에 대해 아무것도 모른 채로 현장에 들어섰다. 그래서 처음에는 심부름을 도맡아 했다. 누군가는 그것을 하찮다고 여길지 모르지만, 나는 그 속에서 도구들의 이름을 익히고, 현장의 흐름을 배웠다. 결국 모든 일의 시작은 기초에 있고, 그 기초를 몸으로 익히는 데는 심부름만큼 좋은 것이 없었다. 요즘은 많은 이들이 처음부터 눈에 띄는 성과를 내고 싶어 하지만, 기술이란 단단한 뿌리 위에 천천히 자라는 법이다. 배우고자 한다면 낮아져야 한다. 나는 그 진리를 몸으로 느끼며 일했다.

그곳에서 전기를 누구보다 잘 다루는 형을 만났다. 그는 손재주도 뛰어났고, 여유 시간마다 고압 전선 조각으로 촛대를 만들곤 했다. 그의 손에서 완성된 촛대는 기계와 전선의 거친 질감 속에서도 묘한 아름다움을 지니고 있었다. 나도 그에게서 기술뿐 아니라 삶을 대하는 태도를 배웠다. 그렇게 시간이 흐르고 월급날이 다가왔고, 형의 촛대도 마침내 완성되었다. 우리는 함께 술을 마시며 서로의 수고를 위로했다.

그날 이후 나는 내 선택과 실수들을 되돌아보게 되었다. 충동적인 결정도 있었고, 미숙한 행동도 있었다. 그 시절 나는, 사랑을 기다릴 수 없었다. 가진 것이 없고, 앞날이 막막했던 나는 사랑이라는 것을 욕망의 일종으로만 오해했던 시절이 있었다. 이제 와서 생각해보면, 나는 어쩌면 스스로를 포기하려 했던 건지도 모른다. 진짜 사랑이란 그런 방식으로 오는 게 아니란 걸 몰랐다.

하지만 내가 진심으로 전하고 싶은 이야기는 따로

있다. 기술을 배운다는 건 단지 생계를 위한 수단이 아니라, 삶의 주도권을 되찾는 과정이라는 것이다. 기술은 사람을 성장시키고, 성장한 사람은 언젠가 좋은 인연과 마주한다. 처음에는 누구나 작고, 부족하고, 가난하다. 그래서 처음은 심부름부터 시작하는 것이다. 돈이 많지 않아도, 주변 사람들이 더 앞서 나가도, 포기하지 말고 기술 하나에 집중해보자. 기술이 익을수록 사람은 단단해지고, 단단한 사람에게는 삶이 조금씩 길을 열어준다.

사랑도 마찬가지다. 기술이 생기고, 자신이 삶에 꼭 필요한 사람이 되면, 언젠가 자신을 진심으로 사랑해줄 사람도 곁에 온다. 돈과 사랑 모두, 시간을 들여 익히고 쌓아가는 것이다. 나는 그것을 지금도 배우는 중이다. 아직 늦지 않았다. 그리고 당신도 늦지 않았다.

세월 앞에서, 이제야 말할 수 있는 것들

이렇게 세월이 흘렀다. 내가 해낸 것 하나 없이, 무심히 지나가는 시간 앞에 문득 멈춰 선다. 어린 시절 나는 분명 꿈이 있었다. 삶을 아름답게 살고 싶다는 막연하지만 분명한 바람. 하지만 지금 돌아보면 그 꿈은 손에 잡히기도 전에 스쳐 지나간 것 같다. 무엇을 하려 했는지, 어떤 재능이 있었는지조차 찾지 못한 채로 어느덧 사십 대 초반이 되었다. 인생의 반이 흘러가버렸다는 사실이 서글

프다.

　시간은 묻지도 따지지도 않고 앞으로만 간다. 노력하지 않는 세월은 도둑처럼, 내 삶에서 무언가를 훔쳐간다. 기회였을까, 열정이었을까. 아니면 스스로에 대한 믿음이었을까. 그 모든 것을 놓친 채로 나는 이 시간 앞에 서 있다. 뒤늦게 깨닫는다. 왜 사람은 늘 시간이 한참 흐른 뒤에야 자신이 아무것도 아님을, 아직 아무것도 이루지 못했음을 아는 걸까.

　젊은 여러분, 제발 이런 인생을 살지 마세요. 무엇이든 시작하세요. 작더라도 뭔가를 해보세요. 삶의 정답은 어느 한곳에 있지 않지만, 단 하나 확실한 건 있습니다. '후회하지 않도록 살아야 한다'는 것. 죽음이 다가올 때, 고개를 숙이며 "좀 더 잘 살 걸" 하지 않기 위해, 오늘의 당신은 무언가를 해야 합니다.

　세상의 눈물은 헛되지 않습니다. 누군가가 흘린 눈물은 또 다른 누군가의 길이 됩니다. 실패도, 후회도, 상처도 누군가에겐 등불이 됩니다. 나 역시 그랬듯이, 내 후회가 누군가의 삶에 작은 경고가 되기를 바랍니다. 그리고 언젠가는, 우리 모두가 말할 수 있기를 바랍니다. "나는 후회 없는 삶을 살았다"고.

세월은 흘러갑니다. 하지만 당신은 흘려보내지 마세요. 붙잡으세요. 그리고 그 시간 속에 나만의 무언가를 심으세요. 그것이 바로, 삶을 아름답게 만드는 길입니다.

올바른 종교, 바른 삶의 길잡이

민주주의 사회에서 종교의 자유는 중요한 가치 중 하나다. 누구나 자신의 믿음을 가질 수 있고, 그것을 표현할 수 있어야 한다. 하지만 그 자유는 무제한일 수 없다. 종교가 사회에 해를 끼치거나, 구성원들에게 억압과 왜곡된 믿음을 강요한다면, 그것은 더 이상 순수한 신앙이 아닌, 이단이자 위험한 흐름일 수 있다. 올바른 종교는 개인의 구원을 넘어, 공동체에 선한 영향을 미쳐야 한다.

신이라는 존재는 인간이 결코 도달할 수 없는, 영원하고 절대적인 영역이다. 인간이 그 신이 될 수 없다는 전제 위에서, 종교는 겸손함과 진리를 바탕으로 세워져야 한다. 예수님은 자신을 높이기보다는 하나님을 드높였고, 자신이 아닌 하나님을 따르도록 인도했다. 인간의 죄에서 벗어날 수 있는 길로서, 예수님의 삶은 신의 뜻을 따르는 모범적인 행위로 읽힌다.

반면 부처님은 인간의 한계를 넘어선 존재로 여겨진다. 그는 신이 아니라 인간으로서, 고통의 본질을 깨달아 스스로를 극복했고, 그 경험을 바탕으로 사람들에게 올바른 길을 제시했다. 어떤 종교든 간에, 결국 사람에게 바른 삶의 방향을 제시하고, 윤리적이고 이타적인 존재로 살아가도록 돕는다면, 그것이 진정한 종교가 아닐까 생각한다.

종교는 단지 의례나 경전의 암송에 머물러서는 안 된다. 신의 말씀을 삶 속에 녹여내고, 그 가르침을 바탕으로 행동하며 살아가는 것이 중요하다. 우리가 믿는 신이 누구이든, 그 신을 통해 더 나은 사람이 되고자 하는 노력, 그 속에서 이웃과 사회를 위한 실천이 함께할 때, 종교는 빛을 낸다. 종교는 목적이 아닌 방향이다. 삶을 더 선하게, 더 진실하게 살아가도록 이끄는 방향 말이다.

돈보다 사람, 노력보다 진심

나는 일하면서 참 많은 사람을 만났다. 일터는 하나의 작은 사회였고, 그 안에서 사람들은 참 다양하게 살아가고 있었다. 어떤 이는 월급이 많든 적든 묵묵히 자신의 일을 다 해냈고, 또 어떤 이는 작은 보수에 늘 불만을 품고 있었다. 심지어는 꽤 많은 급여를 받으면서도 여전히 더 많은 것을 요구하며 데모에 나서는 사람들도 있었다. 세상에는 정말 여러 부류의 사람들이 있다.

돈을 대하는 태도도 사람마다 달랐다. 적게 벌어도 기꺼이 남을 위해 쓰는 이가 있는가 하면, 누구보다 많이 벌면서도 오직 자기 자신을 위해서만 쓰는 사람도 있었다. 나는 스스로를 돌아보면, 돈을 쓰는 데에 조심스러운 편이다. 나를 위해서도, 남을 위해서도 쉽게 지갑을 열지는 않지만, 꼭 필요하다고 생각할 땐 망설이지 않는다. 그것이 내가 택한 삶의 방식이다. 앞날이 두렵기 때문에, 언제 어떤 일이 생길지 모르기 때문에 나는 아껴야 한다고 믿으며 살아간다.

나는 적은 월급을 받으면서도 묵묵히 일하고, 남을 위해 기꺼이 돈을 쓰는 사람들을 보면 존경심이 생긴다. 그들은 미래를 불안해하지 않는다. 불만을 말하지도 않는다. 자신의 몫 이상으로 일하며, 마음껏 쓰고, 나누고, 웃으며 살아간다. 그런 사람들을 보면 마음이 묘하게 흔들린다. 나는 그렇게 살지 못하니까. 그들이 부럽기도 하고, 한편으로는 걱정도 된다. '저 사람도 언젠간 늙을 텐데', '그때도 웃을 수 있을까?' 하는 생각이 들기도 한다.

그러나 결국, 돈이란 무엇인가 싶다. 우리가 피땀

흘려 벌어야만 하고, 없으면 세상에서 얕보이기도 하며, 살고 싶은 삶조차 포기하게 만드는 것. 그렇기에 나는 아끼며 산다. 늙어서 아무도 나를 우습게 보지 않게 하기 위해서다. 욕심은 끝이 없고, 많은 돈을 버는 사람들조차 더 많은 것을 원한다. 대기업에 다니는 이들도 거리로 나오는 걸 보면, 결국 돈은 끝이 없는 굴레와도 같다.

나는 한 번 이런 말을 한 적이 있다. 이 세상은 돈을 많이 버는 사람보다, 적게 버는 사람들이 훨씬 더 많다고. 그래서 요즘 젊은 여성들이 결혼할 사람을 고를 때 '돈이 많은가'만 보지 말고, 성실하고 배우려는 의지가 있는 사람을 봐야 한다고. 그런 사람을 선택해야 대한민국이 건강하게, 행복하게 살아갈 수 있다고 말이다.

요즘 젊은이들이 참 불행해 보인다. 배울 것은 넘치고 넘치는데, 모두가 편한 일, 높은 연봉, 안정된 직장만 찾고 있다. 그런 자리는 처음부터 누구에게나 열려 있지 않다. 어린 시절부터 끊임없이 준비한 사람, 혹은 힘든 시간을 버틴 사람만이 겨우 들어갈 수 있는 좁은 문이다. 세상에 거저 되는 것은 없다. 아주 운이 좋은 이들이야 예외겠지만, 대부분은 결국 땀과 눈물로 만들어가는 게 인생이다.

    이제 글을 마무리해야겠다. 우리가 이 땅에서 잘살 수 있는 방법은 단순하다. 노력하는 것, 아니면 열심히 배우는 것. 돈이 적더라도 기술을 익히고, 한 직장에 묵묵히 다니며, 대한민국을 함께 세워나가는 것. 그리고 그런 성실한 젊은이를 외면하지 말고 함께 손잡아주는 것. 우리 모두 화이팅하자. 이 나라의 미래를 위해, 서로의 내일을 위해.

꿈은
나이를
묻지 않는다

벌써 9월이다. 시간은 참 잘도 간다. 5월, 6월에는 땀 흘리며 더위에 지쳐 있었던 기억이 아직 선명한데, 어느새 바람은 선선해지고 나뭇잎은 가을빛을 띠기 시작했다. 이렇게 계절이 바뀌고, 시간은 쉼 없이 흘러가는 걸 보면, 삶이라는 게 정말 꿈같다는 생각이 든다. 손에 잡힐 듯하지만 늘 스쳐 지나가고, 잡았다고 생각한 순간 또 다른 현실이 시작되는, 그런 흐릿한 꿈 말이다.

아주 어릴 적 나는 빨리 어른이 되고 싶었다. 자유롭게 돈을 벌고, 내가 원하는 걸 하며 살고 싶다는 생각만이 머릿속을 가득 채웠다. 하지만 막상 어른이 되어보니, 그때가 그리워진다. 겁도 없었고, 가능성이란 단어가 늘 내 곁에 있었다. 하면 다 될 것 같았고, 될 거라고 믿었기에 삶은 가볍고 반짝였다. 지금은 세상이 무겁고, 선택이 두렵고, 책임이 먼저 떠오른다.

하지만 다행히도, 아직 꿈은 남아 있다. 그 꿈을 이룰 수 있을지 모르지만, 꿈이 존재한다는 사실만으로도 마음 한켠이 따뜻해진다. 꿈이란 이상한 것이다. 과거에도 있었고, 지금도 있고, 미래에도 있을 것이다. 아이도 꾸고, 청년도 꾸며, 어른과 노인도 마음속 깊이 간직한 무언가를 꿈이라고 부른다. 그래서 꿈은 차원을 넘는 존재다. 단지 목표나 소망이 아니라, 살아 있다는 증거이자, 우리가 인간으로 존재하는 이유 같은 것이다.

돈이 많든 적든, 환경이 좋든 나쁘든, 누구에게나 꿈은 있다. 그 꿈이 크든 작든 중요하지 않다. 중요한 건 그 꿈을 위해 조금씩이라도 나아가고자 하는 마음이다.

그리고 그 마음이 있는 한, 우리는 아직 살아 있는 것이다. 꿈을 꾸지 않는 삶은, 어쩌면 이미 죽은 것과 다르지 않다.

그러니 오늘도 나는 꿈을 붙잡는다. 선명하진 않지만, 희미하게나마 내 앞에 존재하는 그 길을 따라 한 발, 또 한 발 내딛는다. 계절은 바뀌고, 시간은 흐르고, 우리는 늙어가지만, 꿈은 나이를 묻지 않는다. 언제든 다시 시작할 수 있게 해주는 유일한 친구, 그것이 꿈이니까.

차원의 사유, 인간의 꿈

우리는 지금 이 세계를 살아가고 있지만, 과연 우리가 살고 있는 이 차원이 전부일까? 생각은 확장된다. 단순히 공간을 차지하고 움직이는 물리적 존재를 넘어, 인간은 상상하고 추론하며 자신이 경험하지 못한 세계를 떠올릴 수 있다. 그 능력은 우리가 단순한 생명체가 아닌, 의미를 추구하는 존재임을 증명한다.

일차원은 선(線)처럼 단조로운 존재다. 마치 개미

처럼, 앞만 보고 한 방향으로 나아간다. 삶에 다른 관점은 없다. 이차원은 평면이다. 개나 소처럼 앞과 아래만 보는 존재, 본능과 생존에 의해 움직이는 세계다. 삼차원은 인간이 살아가는 차원이다. 우리는 앞을 보고, 하늘을 보고, 발 아래를 바라본다. 과거를 회상하고, 현재를 고민하며, 미래를 상상한다. 그 모든 시간이 동시에 우리에게 영향을 끼치고, 우리는 그 안에서 의미를 찾는다.

사차원은 흔히 '시간' 혹은 '영적 차원'으로 비유된다. 과거에 머물며 우리 꿈속에 나타나기도 하는 존재들, 혹은 우리가 한때 지나온 감정과 기억의 잔상 같은 것이다. 귀신이나 꿈속 존재들이 여기에 속할지도 모른다. 하지만 그들은 현실에 직접 영향을 주지 못한 채, 과거 속 어딘가에 정지해 있다. 우리는 그들을 의식할 수 있지만, 마주할 수는 없다.

그렇다면 오차원은 어떤가. 오차원은 우리가 상상할 수 있는 최대치의 세계다. 과거, 현재, 미래를 모두 넘나들며, 시간과 공간이라는 개념 자체를 초월하는 존재. 우리는 이런 존재를 '신'이라고 부르기도 한다. 그 존재는 모든 차원을 포괄하고, 우리가 닿을 수 없는 질서와 원리를 품고 있을지 모른다. 오차원은 인간의 언어와 사고로는 온전히 설명할 수 없는, 그저 상상만 가능한 세계다.

우리는 이러한 차원의 구조를 통해, 인간이 단순한 물질적 존재를 넘어 영적인 진화와 사유의 방향성을 지녔다는 점을 알 수 있다. 인간은 꿈을 꾼다. 그리고 그 꿈은 사차원 너머를 향한다. 언젠가 우리가 신처럼 모든 시간을 자유로이 넘나들 수 있을까? 우리는 아직 답을 알지 못한다. 하지만 분명한 것은, 인간은 그런 존재를 닮아가고자 한다는 것이다. 완전하지 않아도, 닿지 못하더라도, 우리는 상상하고, 묻고, 생각함으로써 차원을 넘는다.

결국 삶이란, 이 삼차원의 현실 안에서 사차원과 오차원을 상상하고 닮아가려는 여정인지도 모른다. 그 길 위에서 우리는 더 나은 존재가 되기 위해, 더 깊은 차원의 의미를 향해 조금씩 나아가고 있는 것이다.

삶은
계절처럼,
흘러가며
배우는 것

오늘은 비가 온다. 오랜만에 내리는 비라 그런지 괜히 반갑다. 창밖을 바라보다 문득 생각한다. 우리 인간은 참 변덕스럽다. 더울 때는 더워서 괴롭다 하고, 막상 선선해지면 또 춥다고 아우성이다. 하지만 그 모든 감정이 살아 있다는 증거 아닐까. 그렇게 계절이 변하듯, 우리의 마음도 그렇게 끊임없이 흐르고 바뀌는 것이다.

가을은 참 좋은 계절이다. 덥지도 춥지도 않아 걷기 좋고, 생각하기 좋은 시간이다. 곧 겨울이 오겠지만, 그래서인지 지금 이 순간이 더 소중하다. 사실 나는 겨울을 아주 좋아하는 편은 아니다. 춥고, 난방비는 걱정되고, 몸도 움츠러든다. 하지만 만약 이 나라에 계절이 하나뿐이라면, 나는 그게 더 싫을 것이다. 한국의 계절 변화는 삶의 리듬 같다. 익숙하지만 늘 새롭고, 고되고도 아름답다.

나는 최근에 이사를 했고, 새 집에서 처음 맞는 겨울을 앞두고 있다. 가스비는 얼마나 나올까, 보일러는 잘 작동할까, 샤워할 때 물은 따뜻할까? 사소하지만 실제적인 걱정들이다. 겨울은 나에게 하나의 시험대처럼 느껴진다. 그러나 그런 고민조차 삶을 사는 한 단면이고, 그것이 바로 '산다는 것'이라는 생각이 든다.

삶은 재미있고 싶지만, 반드시 재미있는 것만은 아니다. 우리는 각자의 일을 하며 살아간다. 힘든 일이더라도, 그것이 곧 우리의 생계고, 존재의 증명이니까. 일이란 결국 우리가 만들어내는 어떤 결과물이고, 그 결과는 다시 우리에게 돈이 되어 돌아온다. 그 돈으로 우리는 살아가고, 원하는 것을 얻고, 미래를 준비한다.

모든 것이 처음엔 어렵다. 일이든, 공부든, 오락이든. 하지만 자꾸 하다 보면 늘기 마련이다. 일도 마찬가지다. 반복과 연습, 그리고 포기가 아닌 인내가 실력을 만든다. 그 실력이 쌓일수록 우리는 일을 통해 더 많은 것을 배우고, 만들어내고, 나누게 된다.

그렇기에 우리는 돈을 단지 지금을 위해 쓰는 것이 아니라, 언젠가 다가올 노년을 위해 준비해야 한다. 인간은 어쩌면 죽음을 향해 달려가는 존재인지 모른다. 그렇기에 살아 있는 지금을 의미 있게 살아야 한다. 편안한 노년은 헛된 꿈이 아니라, 지금의 삶을 얼마나 열심히 살았느냐에 대한 증거가 된다.

결국 우리는 모두 죽음을 향해 걸어가지만, 그 길 위에서 남기는 흔적은 다음 세대에게 길이 된다. 우리가 삶 속에서 흘린 눈물과 땀은, 우리 아이들의 발걸음을 비춰주는 등불이 된다. 아이들이 잘되는 삶, 그것이 우리가 잘 산 삶이다. 그러니 오늘도 묵묵히 일하고, 배우고, 아껴 쓰고, 사랑하며 살아야 한다.

삶은 계절처럼 흐르고, 일은 삶의 일부다. 그리고 그 모든 흐름 속에서, 우리는 조금씩 인간이 되어간다.

삶을 위해
일한다는
것

우리는 살기 위해서 일을 한다. 이 말이 흔하고 평범하게 들릴지도 모르지만, 그 의미를 진심으로 받아들이지 못하는 사람들도 있다. 일하지 않는 사람들, 이른바 백수라고 불리는 이들이 그렇다. 물론 그들 중 '놀고 싶어서 논다'고 말하는 사람은 드물다. 하지만 나는 종종 이런 생각을 한다. 어쩌면 그들은 '만족을 모르는 사람들'일지도 모른다고.

세상에는 일자리가 없다고 말하는 이들이 많지만, 정말 일할 곳이 하나도 없을까? 대개 그들이 말하는 '일자리가 없다'는 말은, '월급이 적고 조건이 좋지 않다'는 의미에 가깝다. 더 많은 돈, 더 편한 환경을 원하지만, 아직 아무런 기술도, 경험도 없는 상태라면, 그런 조건의 일을 누가 맡기겠는가. 현실은 냉정하다. 기술도 없고, 끈기도 없고, 마음만 편하고 싶은 사람에게 고액의 월급을 주는 사장은 없다.

물론 이런 말이 불편하게 들릴 수도 있다. 하지만 현실을 말하지 않는 것도 비겁한 일이다. 지금의 세상은, 일하지 않고는 살아갈 수 없다. 일은 단순히 생계를 위한 수단이 아니라, 스스로를 단련하고 성장시키는 과정이기도 하다. 그래서 나는, 이제 막 사회에 발을 들이려는 이들에게 이렇게 말하고 싶다. "돈이 적더라도, 미래가 보이는 기술이라면 끝까지 배워보라"고.

나도 한때는 여러 일을 해보았다. 선반도 배우려 했고, 전기일도 경험해봤다. 하지만 솔직히 말하자면, 내가 그 일들에 오래 버티지 못한 건, 내가 똑똑하지 못해서였고, 적성에도 맞지 않았기 때문이었다. 지금은 내가 조금 더 이해할 수 있는 일을 하게 되었고, 그 일을 통해 기술을 쌓고 있다. 결국 사람마다 잘 맞는 일이 있는 것이다. 그래서 직장을 구할 때는, '내가 이 일을 끝까지 배울 수 있는가?'부터 고민해보는 게 중요하다.

일을 하면서 점점 실력이 느는 기분이 들고, 어느 순간 즐거움을 느낀다면, 그건 당신의 적성에 맞는 일일 수 있다. 반대로 아무리 반복해도 이해되지 않고, 성장이 느껴지지 않는다면, 그 일은 어쩌면 당신의 길이 아닐 수도 있다. 그런 경우라면 과감히 방향을 바꿔야 한다. 그러나 단순히 '돈이 적다'는 이유로 일을 그만두는 것은 피해야 한다. 돈이 적어도 미래는 있을 수 있기 때문이다.

삶에 대해 내가 정답을 아는 건 아니다. 다만 내가 살아보니, 무언가를 반복하면서도 지겹지 않고, 스스로가 발전하고 있다는 느낌이 들 때, 비로소 행복이 찾아온다는 것을 알게 되었다. 행복은 돈이 많아서 오는 것이 아니다. 노력 속에서 자부심이 생기고, 내가 새로운 것을 해낼 수 있다는 감각이 들 때, 인간은 진짜 만족을 느낀다.

돈은 나중에 생각해도 된다. 인생은 그리 길지 않다. 지금 할 수 있는 일을 찾고, 그 안에서 의미를 발견하며 하루하루를 채워가는 것. 그것이 어쩌면 진짜 삶이고, 일을 하는 진짜 이유일지도 모른다.

젊음을
낭비하지 않기
위하여

젊다는 것은 참 좋은 일이다. 몸은 가볍고, 마음은 자유롭고, 무엇이든 해낼 수 있을 것 같은 자신감이 가득한 시기. 그러나 그 젊음은 생각보다 금방 지나간다. 그래서 나는 말하고 싶다. 그 소중한 시간을 절대로 가볍게 흘려보내지 말라고. 지금 당신이 보내는 하루하루는, 앞으로의 인생을 만들 재료다. 무의미한 방황은 결국 후회라는 이름으로 되돌아온다.

일을 시작하는 순간부터, 단순히 '돈을 벌기 위해서'가 아니라 '인생을 설계하기 위해서'라는 마음가짐이 필요하다. 가능하면 한 직장에서 오래 버틸 각오로 일자리를 선택해야 한다. 물론 모든 사람이 첫 직장에서 평생을 보낼 수는 없다. 그러나 너무 쉽게 그만두고, 자주 옮기다 보면 실력을 쌓기도 전에 신뢰를 잃고 만다. 경력은 쌓이지 않고 나이는 들어가며, 결국 아무도 원하지 않는 이력이 되어버릴 수 있다.

그렇게 되면 어느 순간 스스로에게 묻게 된다. "왜 내 삶은 이렇게 힘들지?", "왜 나는 결혼도 못 하고, 아무것도 이뤄놓은 게 없지?"라고. 하지만 그 순간 이미 늦었을지도 모른다. 그런 생각을 하는 당신은, 어쩌면 이미 실패를 인정한 사람일 수 있다. 실패란 결과가 아니라, 스스로 실패했다고 받아들이는 순간 찾아오는 그림자이기 때문이다.

젊음은 길지 않다. 그리고 그 젊음 속에서 어떤 길을 선택하고, 어떤 자세로 임하느냐에 따라 앞으로의 삶은 크게 달라진다. 그러니 지금 이 순간이야말로 가장 중요한 시간이다. 흔들려도 좋다. 두려워도 괜찮다. 하지만 그 시간 속에서 스스로를 단단히 붙잡고, 한 걸음씩 나아가야 한다. 그것이 바로 젊음을 후회하지 않는 방법이다.

힉스 입자와 인간의 상상력

나는 어느 날 인터넷에서 '신의 입자', 힉스라는 말을 보게 되었다. 왜 힉스 입자를 신의 입자라고 부르는 걸까. 궁금함이 생겼고, 나름대로 생각을 정리해보았다. 힉스는 거대한 입자가속기에서 빛의 속도로 입자들이 충돌하며 생겨나는 존재이다. 그 모습을 보며, 나는 힉스를 '빛의 입자'로 이해해 보았다. 그리고 만약 그것이 정말 빛의 입자라면, 이론적으로는 '빛을 가둘 수 있는' 가능성을 품고 있는 것 아닐까, 하는 상상을 하게 되었다.

빛을 가두는 기술, 그것이 왜 중요한가? 빛이 입자라면 압축하거나 저장할 수 있을 것이다. 만약 충분히 압축할 수 있다면, 우리는 강력한 에너지원 혹은 시간과 공간을 뛰어넘는 기술에 도달할지도 모른다. 이를테면 타임머신처럼 말이다. 신은 과거, 현재, 미래를 넘나드는 존재라고 한다. 만약 인간이 그런 기술을 만든다면, 시간의 제한에서 벗어나 신에 가까운 존재가 되는 셈이다. 그래서 힉스 입자의 발견은 단순한 과학적 성과를 넘어 인류의 철학과 상상력의 영역까지 건드리는 일이다.

하지만 현실은 녹록지 않다. 힉스를 발견했다 한들, 그것을 가두거나 활용하는 데에는 여전히 수많은 장벽이 있다. 예를 들어 수소를 생각해보자. 수소는 우주에서 가장 작고 가벼운 원소이다. 그 수소조차도 제대로 가둘 수 없어서, 현재 수소차 기술도 완전하지 않다. 수소는 금세 빠져나가기 때문에, 내연기관으로 쓰기엔 여전히 해결해야 할 문제가 많다. 우리가 빛을 가두고 활용하기 전에, 수소처럼 기본적인 에너지원을 안정적으로 제

어할 수 있는 기술부터 갖춰야 하는 이유다.

결국 힉스 입자의 발견은 시작일 뿐이다. 우리가 그것을 신의 입자라고 부른다고 해서, 그것이 신의 능력을 대신할 수 있는 것은 아니다. 시간은 여전히 인간에게 가장 넘기 힘든 벽이고, 우리는 그 경계 밖으로 나아갈 자격을 아직 얻지 못했다. 그래서 빛을 가두는 일은 지금 당장은 과학보다 상상의 영역에 더 가깝다.

하지만 그 상상력이야말로 인간의 가장 위대한 능력이다. 불가능해 보이는 것을 꿈꾸고, 끊임없이 질문하며, 오늘보다 나은 내일을 상상하는 힘. 힉스 입자는 그 자체로 과학의 성취이기도 하지만, 동시에 인간이 어디까지 질문할 수 있는지를 보여주는 상징이기도 하다.

우리는 언젠가 빛도, 수소도, 시간도 다룰 수 있을까? 그 답은 아직은 알 수 없지만, 오늘도 누군가는 그 질문에 답을 찾기 위해 실험실에 들어간다. 그리고 또 누군가는, 그 질문을 품고 조용히 상상한다. 그렇게 과학과 상상은 나란히 걷고 있다. 힉스 입자는 그 길 위에 놓인, 인간 지성의 이정표일지도 모른다.

평범한 행복,
그러나 점점
어려워지는 이유

우리는 결국, 먹기 위해 산다. 이 말이 너무 단순해 보일지 몰라도, 삶의 본질은 의외로 그렇게 단순한 곳에 있다. 먹고, 입고, 살 수 있는 최소한의 조건을 갖추는 것, 그것이야말로 우리가 바라는 가장 기본적인 행복의 시작이다. 거기에 더해 사랑하는 가족이 곁에 있다면, 더 바랄 것이 없다고 느껴지는 순간도 있다. 삶은 어쩌면 그것으로 충분하다.

즐거움은 멀리 있지 않다. 첫째, 내가 맡은 일을 잘 해내고 나면 행복하다. 그 일이 나에게 돈을 가져다주기 때문이다. 돈은 단순히 종이가 아니다. 그것은 내가 삶을 지속할 수 있는 자격이자, 내 노동의 가치를 세상과 교환한 결과다. 둘째, 아이를 잘 키우면 행복하다. 아이는 우리의 미래이고, 그 미래가 건강하게 자라는 것을 보는 것만큼 기쁜 일도 드물다. 그리고 때로는 모든 것을 잠시 멈추고, 맛있는 음식을 먹는 그 순간도 참 소중하다. 그것이 우리의 삶을 위로하고, 하루를 견디게 만든다.

그런데 이 단순하고 평범한 행복이 점점 더 어려워지고 있다. 대한민국 사람이라면 누구나 가져야 할 기본이라 믿는 이 조건들이, 실제로는 누구에게나 주어지지 않는다. 세상이 발전하면 더 많은 사람이 이런 기본적인 안정에 가까워질 것 같지만, 현실은 정반대다. 기술은 발전하고 건물은 높아지는데, 그 안에서 사람들의 삶은 점점 더 팍팍해진다.

왜 그럴까. 세상이 돈 중심으로 흘러가면서, 돈이 없으면 기본적인 것조차 손에 넣을 수 없는 구조가 되어버렸다. 일을 열심히 하고, 배우고, 성실히 살아가는 사람이라면 적어도 기본적인 생계는 보장되어야 한다. 그것이 진짜 민주주의 아닐까. 그러나 지금은 그런 사람일수록 더 힘든 삶을 견디고 있다. '노력은 배신하지 않는다'는 말이 점점 허공에 흩어지는 느낌이다.

오늘따라 글쓰기가 유난히 어렵다. 너무 평범한 이야기인데도, 이 평범함이 지켜지지 않는 현실 앞에서 마음이 무겁기 때문이다. 그렇지만 나는 이 평범한 이야기 속에 우리가 지켜야 할 본질이 있다고 믿는다. 먹고, 입고, 살고, 사랑하는 사람과 함께하는 삶. 그것이 우리 모두가 누려야 할 당연한 권리이기를 바란다. 그리고 그것이 가능한 세상을 위해, 우리는 오늘도 자기 자리를 지키며 버티고, 노력하고 있는 것이다.

기술이
미래를 만든다,
우리가
미래를 만든다

오늘은 마음이 답답해서 잠을 이루지 못하고, 이렇게 글을 쓰게 되었다. 뉴스를 보다가 문득 화가 났다. 북한 아나운서가 '존엄'이라는 단어를 외칠 때마다 마음이 불편해진다. 존엄이라는 단어는 함부로 사용할 수 있는 말이 아니다. 성경에서도 하나님조차 자신을 가리켜 '존엄'이라 칭하지 않는데, 한 사람의 정치 지도자를 그렇게 부르는 현실은 이해할 수 없다. 존엄이란 말은 말로 외친다고 지켜지는 것이 아니다. 그것은 오히려 겸손 속에서 자연스레 드러나는 삶의 품격일 것이다.

요즘 젊은 세대를 향한 안타까움도 적지 않다. 일자리가 없다고 말하지만, 정작 삶에 꼭 필요한 기술을 배우려는 이는 많지 않다. 우리가 살아가는 데 반드시 필요한 것들, 즉 먹고 입고 자는 데 필요한 것들을 직접 만들 수 있는 능력, 그런 기술이야말로 가장 소중한 자산인데 말이다. 소파 하나, 가구 하나, 양말 한 켤레조차 스스로 만들지 않으려 한다면 누가 그 일을 대신해줄까. 외국인 노동자들이 그 일을 대신하길 바라는 것인가. 그렇다면 정작 우리는 무엇을 하며 살아갈 수 있을까.

한국에는 아직 배울 것이 많고, 개발할 수 있는 가능성도 많다. 소파를 대량 생산할 수 있는 시스템을 만들고, 자동차 의자의 기술을 연구해 가구 산업과 접목시키는 창의적인 시도도 가능하다. 기술이란 손으로 만드는 수작업만이 아니라, 기계화하고 자동화하는 지식도 포함된다. 중요한 건 그것을 배우고 익히는 의지이다.

건설 현장에서 수많은 아파트가 세워지는 것을 보

면, 아직 기술은 살아 있다. 문제는 그 기술을 이어받고 발전시킬 젊은 사람들이 부족하다는 점이다. 기술자가 줄어들면 기술도 사라진다. 하지만 기술이 사라지면, 반드시 새로운 기술이 등장한다. 그것이 세상의 이치다. 문제는, 그 기술을 우리가 만들어낼 것인지, 아니면 남의 손에 의존할 것인지.

우리에게 필요한 것은 우리 손으로 직접 만들어야 한다. 조금 힘들고, 수입이 적더라도, 우리 삶을 이루는 가장 기초적인 기술은 우리가 책임져야 한다. 손기술이든 기계기술이든, 그것이 미래다. 국가의 지도자도, 청년들의 자립을 도울 수 있는 정책과 환경을 만드는 데 힘써야 한다. 젊은이들이 기술을 배우고, 독립적인 삶을 꾸려갈 수 있도록 제대로 된 기반을 다져주어야 한다.

나는 오늘, 기술이 곧 희망이라고 믿는다. 그리고 그 기술을 배우고 이어갈 사람이 많아질수록 대한민국의 미래는 더욱 단단해질 것이다. 존엄은 말이 아니라 삶으로 지켜지는 것이다. 진짜 존엄은, 내가 땀 흘려 만든 물건에서, 내가 지어올린 집에서, 내가 스스로 일군 삶에서 나오는 법이다. 대한민국은 그런 기술자들이 이끌어가는 나라가 되어야 한다. 그리고 우리 모두가 그런 나라를 함께 만들어가야 한다.

그냥,
그렇게 사는 것도
괜찮다

오늘은 또 무슨 글을 써볼까. 사실 글을 쓰는 일은 꽤 재미있다. 내 생각을 솔직하게 정리하고, 지난날을 돌아보는 시간이니까. 돌아보면 교복 와이셔츠 만드는 일을 벌써 19년째 하고 있다. 거의 20년이 다 되어가고, 덕분에 이제야 집도 하나 장만했다. 물론 빠르게 부자가 되진 못했지만, 꾸준히 재미있게 일했고, 불만은 없다. 내가 할 일을 해오며 살아온 세월이니까.

세월은 참 빠르다. 엊그제만 해도 교실에서 친구들과 장난치던 학생이었던 것만 같은데, 어느새 마흔하나가 되었다. 그리고 내년이면 마흔둘이 된다. 아직 결혼도 못 했고, 누군가 옆에 있는 건 아니지만, 살다 보니 사는 게 그냥 재미있다. 그래서 큰 아쉬움은 없다. 그래도 가끔은 사랑하는 여자가 있었으면 좋겠다는 생각이 든다. 사람이라면 누구나 마음 둘 곳 하나쯤은 필요하니까.

하지만 또 이런 생각도 든다. 누가 나 같은 사람을 사랑해 줄까? 나도 누군가를 온전히 사랑할 자신이 있는지도 모르겠다. 그래서인지 '그냥 이렇게 살아가는 거지' 하고 마음이 점점 편해진다. 열심히 일하고, 책임 다하고, 돈 벌어 옷 사고, 밥 먹고, 하루하루 지나가면 그게 인생 아니겠는가.

문득 예수님 생각이 났다. 예수님도 결혼하지 않으셨고, 40살 되기 전 십자가에 못 박히셨다. 부처님도 결국은 결혼을 떠나 수행의 길을 걸으셨다. 나도 결혼을 못 했지만, 그분들처럼 신성한 삶은 아니어도, 나름대로 내 몫을 감당하며 살아가고 있다. 그분들은 부활과 열반을 맞았지만, 나는 그저 늙어가다 어느 날 편안히 죽을 것이다. 그게 내 몫의 끝이라면, 담담히 받아들이고 싶다.

사람은 결국 죽기 위해 사는 존재다. 그러니 살아 있는 동안은 최선을 다해야 한다. 늙어서 편안한 마음으로 눈을 감을 수 있다면, 그것으로 충분하다. 후회 없는 삶을 사는 것, 나 자신에게 부끄럽지 않은 하루하루를 보내는 것. 그게 바로 내가 바라는 인생이다.

모든 인생이 찬란할 필요는 없다. 누구나 주목받고 특별할 필요도 없다. 그냥, 열심히 살고 묵묵히 걸어가는 것. 그게 인생이다. 그리고 그렇게 살아온 나 자신을, 나는 나름대로 자랑스럽게 여긴다.

마지막
날에 대한
상상

오늘도 또 하루가 흘러갔다. 누군가는 오늘 숨을 거두었을 것이고, 나는 여전히 살아서 이렇게 글을 쓰고 있다. 문득 죽음이라는 단어가 마음에 맴돈다. 사람이 죽는다는 건 무엇일까. 단순히 육체가 멈추는 일일까, 아니면 시간이 멈추는 일일까. 살아 있는 우리는 현재를 살지만, 죽은 자는 현재를 잃고 과거 속에 머무는 존재가 된다. 그래서 귀신은 현재가 없고, 결국은 과거의 그림자라고도 할 수 있겠다.

만약 타임머신이라는 것이 존재했다면, 우리는 과거로 돌아가 죽은 이들을 만날 수 있을지도 모른다. 그렇다면 그들이 여전히 어떤 차원 속에서 존재하고 있다는 상상이 가능해진다. 사람이 죽는다는 건, 단순히 생명이 끝나는 것이 아니라, 그 사람의 시간이 멈추고, 더 이상 앞으로 나아가지 못하는 상태로 고정된다는 뜻일지도 모른다. 그런 의미에서, 죽음은 '시간에 갇힘'이다.

그렇다면 같은 날, 같은 시각에 죽은 사람들은 같은 시간 속에 존재하게 될까? 시간이라는 개념이 멈춘 과거의 어느 지점에 함께 머무는 영혼들…. 이런 상상을 하다 보면, 죽음은 단절이 아니라, 또 다른 방식의 만남이 이루어지는 곳일지도 모른다는 생각이 든다.

이 세상의 마지막 날이 온다면, 그 멈춰 있던 시간들이 다시 움직이기 시작하지 않을까. 성경에서 말하는 대로, 죽은 자들이 부활하고, 산 자들의 영혼이 몸으로 돌아와 다시 하나가 되는 그날. 모든 시간과 존재가 다시 연결되는 순간. 아마도 그날은 단순한 종말이 아니라, 또 다른 시작일지도 모른다.

그리고 또 상상해본다. 부활과 함께 종교 간의 전쟁이 일어난다면? 하나님을 믿는 자는 하나님의 편에, 부처를 따르는 자는 부처의 편에 서서 마지막 전투에 참여한다면? 그 전쟁의 결과로 승리한 종교는 천국을 차지하고, 패배한 자들은 지옥으로 향하는 구조라면? 물론 이건 철저히 상상일 뿐이다. 내 믿음 안에서는 그런 식의 경쟁보다는, 궁극의 심판과 자비가 있으리라 생각한다.

새로운 세계는 그냥 생기는 게 아니다. 누군가는 그 세계를 만들고, 지키고, 싸워서 쟁취해야 할지도 모른다. 그렇게 힘겹게 지켜낸 세계에서 살아가는 자, 그는 어쩌면 왕처럼 살게 될 것이다. 물론 이 모든 건 내 상상일 뿐이다. 오늘 잠들기 전에 떠오른 생각들을 따라 적어본 이야기다. 이 글은 어떤 교리를 말하려는 것도 아니고, 신학적 논쟁을 일으키려는 것도 아니다. 단지 '이 세상의 마지막 날이 온다면?'이라는 물음에서 시작된 나만의 상상일 뿐이다.

나는 하나님을 믿는다. 성경에는 마지막 날, 예수님

이 오셔서 심판하신다고 기록되어 있다. 그 심판은 어떤 모습일까. 천둥처럼 두려울까, 아니면 조용한 속삭임처럼 다가올까. 나는 그저 그날이 오기 전까지, 내 삶을 묵묵히 살아가며, 작은 상상과 글로 하루를 마무리해본다. 그런 사유와 상상도, 살아 있다는 증거이니까. 재미있게 읽었다면, 그것만으로도 충분하다.

혼자의 밥상,
그리고
마음속 빈자리

혼자 사는 남자의 삶은 생각보다 조용하고, 때로는 재미가 없다. 오늘따라 그 생각이 더 크게 다가왔다. 회사에서 진수성찬 같은 식사를 한 날이었다. 공장 아줌마들이 손수 만든 음식을 나눠 주셨고, 나는 식당에서 밥만 가져와 그 음식들과 함께 먹었다. 한 입 한 입 먹을 때마다 손맛이 느껴졌고, 그 정성에 감사한 마음이 절로 들었다. 그 순간, 문득 '여자가 있으면 좋겠다'는 생각이 스쳤다.

단순히 밥을 차려주는 사람이 필요해서가 아니라, 함께 앉아 밥을 나눌 누군가가 그리웠다.

일이 끝난 뒤엔 교회에서 남은 반찬을 얻었다. 처음엔 망설였지만, 음식이 버려질까 싶어 한 번 먹어보았는데, 너무 맛있어서 놀랐다. 늘 혼자 밥을 해먹고 살았기에, 이런 편안한 식사는 처음이었다. 그러면서 동시에 이런 생각이 들었다. 아무리 혼자 사는 인생이라 해도, 가끔은 누군가의 손길이 느껴지는 따뜻한 밥상이 얼마나 큰 위로가 되는지를 말이다.

나는 지금까지 내 밥은 내가 해먹고, 남에게 손 벌리지 않으며 살아왔다. 그래도 오늘처럼 반찬이 많고 국까지 있는 날은 왠지 마음이 든든해졌다. 인간에게 음식이 얼마나 중요한가를 새삼 느꼈다. 배가 부르면 마음도 여유로워지고, 잠시나마 외로움도 덜 느껴지는 것 같다.

그런데 생각은 또 북한으로 향했다. 우리는 밥상이 당연한 삶을 살지만, 북쪽의 사람들은 음식조차 배급받는 삶을 산다. 반찬은커녕 밥도 부족한 그들의 현실을 생각하면 마음이 무거워진다. 배고픔은 말로 다할 수 없는 고통이다. 며칠만 밥을 굶어도 얼마나 배가 고픈데, 그 고통이 일상이라니. 우리가 가진 것들이 새삼 감사하게 느껴진다.

요즘 젊은 세대는 그런 감사를 알까. 밥은 당연히 차려져 있고, 반찬도 누군가가 해주며, 심지어 용돈까지 받는다. 부모님이 해주는 모든 것을 '원래 그런 것'이라 생각하며 자란다면, 참된 독립이 무엇인지, 진짜 자립이 무엇인지 느끼기 어렵지 않을까. 요즘은 독립도 늦어지고, 부모는 더 오래 책임을 져야 한다. 음식 잘하는 젊은 여자를 찾기 어렵다는 말도 그런 배경에서 나오는 것일지 모른다.

이런 생각을 하다 보면 문득 한숨이 나온다. 내 인생은 왜 이리 허전한가. 잘못된 것은 없는데, 마음 한구석이 늘 비어 있는 듯한 이 느낌. 그래도 인생은 혼자 이겨내는 것이다. 누구 탓할 것도, 누구 기대할 것도 없다. 하지만 그럼에도 불구하고, 외로움은 사라지지 않는다. 그래서 나는 오늘도 조용히 주문을 외운다.

"행복해져라, 행복해져라."

누군가와 함께하는 밥상이 아닌, 혼자의 밥상 앞에 서도 스스로를 달래며 하루를 살아낸다. 이 또한 삶이니까.

믿음과
현실
사이에서

나는 스스로 기독교적이지 못하다고 말한다. 그렇다고 해서 이단도 아니다. 단지, 이 세상을 종교의 언어보다 인간의 눈으로 바라보려 했을 뿐이다. 믿음과 현실 사이에서 나는 늘 균형을 찾으려 애썼다. 하나님을 믿지만, 성경의 모든 구절을 무조건 받아들이지는 않는다. 그것은 내가 하나님을 직접 본 적 없는, 평범한 한 인간이기 때문이며, 나는 지금 내 앞의 현실을 살아가고 있기 때문이다.

나는 거짓을 말하지 않는다. 나는 누군가를 속이거나 세상을 어지럽히는 사기꾼이 아니다. 내가 말하는 신앙은, 삶을 더 낫게 살아가고자 하는 마음의 태도에 가깝다. 세상을 믿고, 사람을 이해하려고 노력하고, 그 가운데서 내가 믿는 신이 나를 지켜보신다는 막연한 믿음, 그것이면 충분하다고 느낀다.

이단이란, 사람을 신격화하고, 메시아라 떠받들며 세상을 혼란스럽게 만든다. 그것은 내가 생각하는 신앙의 모습이 아니다. 신앙은 겸손에서 시작되어야 하며, 인간은 인간으로서의 한계를 인정하고 살아가야 한다. 그래서 나는 나 자신을 경계하며, 하나님 앞에서도 스스로를 낮추려 한다.

나는 완벽한 신앙인은 아니다. 하지만 내 삶에 부끄럽지 않은 사람이 되기 위해 노력하고 있다. 세상에 속아 넘어가지 않고, 누군가를 속이지 않으며, 그저 진실하게 살아가는 것. 그것이 내가 믿는 삶의 방식이다. 믿음은 꼭 종교적인 틀 안에 갇혀야 하는 것은 아닐 것이다. 내가 살아가는 방식이 누군가에게 위로가 되고, 내가 지키는 진심이 하나님께 닿는다면, 그것만으로도 나는 충분하다고 믿는다.

2부

일, 삶,
그리고
나를 지키는
기술들

불완전한
우리가
세상을
움직인다

삶이란 무엇일까. 세월이 흐르면, 아무리 많은 돈을 가졌더라도, 아무리 큰 권력을 누렸더라도 결국 이름만 남고 사람은 사라진다. 그런 허무함 앞에서, 많은 철학자들은 삶의 의미를 찾으려 애쓰다가 때론 절망에 빠지고, 심지어는 자살로 생을 마감하기도 했다. 삶이란 정말 그토록 무의미한 것일까? 만약 그들이 삶을 통해 쓰여지는 새로운 역사들을 보았더라면, 그렇게 생을 포기하진 않았을

지도 모른다.

어떤 이들은 세상을 바꾸는 거대한 역할을 하지 않으면 아무 의미 없다고 여길지도 모른다. 하지만 역사는 결코 그런 식으로만 움직이지 않는다. 아주 작은 일 하나, 이름조차 남지 않을 사람 하나의 일상이 쌓여 결국 세상의 흐름이 만들어진다. 가령 내가 지금 하는 일이 사라진다 해도, 누군가 대신 그 일을 하겠지만, 그것은 결코 내가 아무 의미 없다는 말이 아니다. 각자의 자리에 서 있는 사람들이 없었다면, 세상은 지금처럼 굴러가지 않았을 것이다.

그래서 나는 이렇게 말하고 싶다. 자살은 결코 해답이 아니다. 삶이 허무하다고 느낄지라도, 그 허무함 속에서도 우리가 해야 할 일은 존재한다. 우리는 불완전한 존재다. 바로 그렇기 때문에 우리는 일하고, 배우고, 성장하며 살아간다. 우리의 불완전함은 약점이 아닌 가능성이다.

한 사람 한 사람이 모여 하나의 물건을 만들고, 누군가는 그 물건을 사용하며 더 나은 삶을 산다. 그렇게 우리는 서로에게 영향을 주고받으며, 세상을 움직인다. 하나님이 세상을 창조하셨을 때, 어떤 존재든, 어떤 물건이든 필요하게 설계하셨을 거라고 나는 믿는다. 지금은 의미 없어 보이는 일조차, 어딘가에는 반드시 필요한 것이다.

우리는 그 필요를 채우기 위해 살아간다. 더 나은 것을 만들기 위해 배우고, 더 좋은 세상을 위해 일하는 것이다. 그런 사람들이야말로 이 세상을 만드는 진짜 힘이다. 우리는 작지만, 작기에 더 소중한 존재다. 삶의 무게에 짓눌리지 말고, 그 안에서 내가 맡은 한 조각의 의미를 소중히 여긴다면, 그 자체로 우리의 존재는 충분히 빛나고 있다.

아름다움은 살아내는 힘에서 온다

젊고 아름다울 때, 그 찰나의 아름다움을 지키기 위해 스스로 삶을 마감하는 사람들이 있다고 한다. 그 이야기를 들을 때마다 마음이 먹먹해진다. 나는 그렇게 생각하지 않는다. 진짜 아름다움은 젊음이나 외모에 있지 않고, 일하고 배우고 끊임없이 노력하는 과정 속에 있다고 믿는다. 삶은 멈춰 있는 것이 아니라 흐르는 것이고, 그 흐름 속에서 사람은 더 깊어지고 단단해진다. 늙는다는 것은 끝이 아니라 또 다른 삶의 시작이다.

우리는 태어날 때 신분을 선택하지 못한다. 어떤 환경에서 태어날지, 어떤 조건 속에 놓일지 아무것도 알 수 없다. 그러나 그 안에서 어떻게 살아가느냐는 우리 스스로가 만들어 가는 것이다. 기독교에서는 윤회의 개념이 없고, 다음 생도 없다. 그 대신, 하나님을 믿는 자는 마지막 심판 날에 부활해 왕 같은 삶을 산다고 말한다. 반면 불교는 삶과 죽음이 반복되는 윤회 속에서 해탈을 향해 가는 길을 이야기한다. 두 종교의 길은 다르지만, 결국 모두 '어떻게 살아야 하는가'에 대한 물음을 던지고 있다는 점에서는 닮아 있다.

죽으면 영혼은 어디로 가는가. 예수님은 언제 심판을 하시는가. 윤회는 정말 존재하는가. 천국과 지옥은 실제로 있을까. 이 모든 질문에 대한 답은 어쩌면 누구도 정확히 알 수 없다. 결국은 죽어봐야 아는 것이다. 그 누구도 살아서 그 너머를 증명하지 못했다. 그래서 더욱 중요한 것은, 지금 이 순간을 어떻게 살아가느냐 하는 문제다.

시간이 흐르고 있다는 사실, 우리가 살아 있는 지금

이 유일한 현실이라는 사실을 부정하지 않는 것. 그것이 우리가 붙들어야 할 가장 기본적인 진리다. 삶을 외면하지 말고, 하루하루를 열심히 살아야 한다. 나이 들고, 주름이 늘고, 예전 같지 않은 몸이 되더라도, 여전히 노력하고 배워가는 사람은 아름답다. 그런 삶은 젊고 화려한 겉모습보다 훨씬 더 깊고 단단한 아름다움을 가진다.

죽음 이후의 세계는 알 수 없지만, 오늘을 어떻게 살아가는지는 우리가 선택할 수 있다. 아름다움은 살아내는 힘에서 온다. 그것이 우리가 가진 유일하고도 확실한 진실이다.

행복해져라,
행복해져라.

나는 남자다. 특별할 것 없는, 그저 평범한 남자다. 여자가 좋고, 삶은 편안하고 행복했으면 좋겠다는 소박한 바람을 가진 사람. 인생이란 결국 행복을 찾아가는 여정이라면, 그 행복을 이루기 위해 필요한 것들도 있다. 돈을 잘 벌 수 있는 직장, 마음 편히 쉴 수 있는 집, 자유롭게 움직일 수 있는 차, 나를 표현할 수 있는 좋은 옷, 그리고 사랑하는 사람과 닮은 아이들. 이런 것들이 모두 갖추어진 삶, 그런 삶을 누군가는 '성공'이라 부를지도 모르겠다.

나 역시 그런 꿈을 꿨다. 열심히만 살면 이뤄질 줄 알았다. 하지만 현실은 다르다. 아무리 성실하게 살아도, 이룰 수 없는 것들이 있다는 걸 알게 되었다. 마치 운명처럼, 나는 지금도 혼자다. 돈도 넉넉하지 않고, 외모도 멋지다고 말하긴 어렵고, 세상과 타협하며 살아가다 보니 가정은커녕 사랑조차 멀게만 느껴진다. 가끔은 이렇게 중얼거린다. "아, 이게 내 몫의 삶인가 보다."

나만 그런 것도 아니다. 요즘 세상은 남자도 여자도 혼자 사는 일이 많아졌다. 누군가는 말한다. 여자들은 왕자님을 기다리고, 남자들은 이상적인 조건을 맞춰야 결혼할 수 있다고. 사회는 점점 바빠지고, 돈은 더 중요해지고, 그러다 보니 서로가 서로에게 다가가기 어려워졌다. 마음이 있어도 여유가 없고, 여유가 생기면 마음은 지쳐 있다.

나는 이제 결혼을 '해야만 하는 일'로 여기지 않는다. 물론 사랑하는 사람과 가정을 꾸릴 수 있다면 좋겠지만, 시간이 갈수록 그 생각은 점점 멀어지고 있다. 혼자 사는 삶도 나쁘지 않다. 자유롭고, 내 마음대로 계획할 수 있고, 누구에게도 얽매이지 않는다. 나만 잘 지내면 되는 삶. 그런데 왜 이렇게 가끔 외로울까.

결국 삶은 균형이다. 자유와 외로움은 종이 한 장 차이다. 내가 포기한 건 정착이지만, 그 대신 얻은 건 자유다. 혼자 사는 사람들이여, 자유를 느껴라. 남들과 비교하지 말고, 사회의 틀에 자신을 억지로 끼워 넣지 말자. 어떻게 살든 자신이 행복하면 그게 정답이다. 모든 것을 다 가질 수는 없지만, 포기한 그 자리에 또 다른 가능성이 피어날 수도 있다.

혼자 사는 삶. 그것은 끝이 아니라 또 하나의 방식이다. 누군가는 그 자유 속에서 웃고, 누군가는 그 고요 속에서 자신을 알아간다. 인생이 뜻대로 되지 않을 때는, 가끔 포기하는 것도 이치일지 모른다. 억지로 움켜쥐는 것보다, 놓아버리고 가벼워지는 쪽이 더 멀리 갈 수 있는 법이니까.

허무 속에서도,
나는
행복을 생각한다

세월이 흘러 어느새 2013년 10월. 달력의 숫자는 바뀌는데, 나는 여전히 평범하다. 눈에 띄게 이룬 것도, 사람들의 기억에 남을만한 일을 해낸 것도 없다. 그래서 문득 되묻게 된다. 나는 지금까지 무엇을 해냈을까. 세월은 이렇게 빠르게 지나가는데, 나라는 사람은 이 세상에 무엇을 남겼을까.

사람들은 말한다. 삶이란 결국 이름을 남기는 일이

라고. 누군가의 기억 속에, 자식의 마음속에, 혹은 기록의 한 줄로라도 존재하는 것. 그런데 나는 자식도 없고, 내 이름을 기억해줄 사람이 과연 있을까 하는 생각에 마음 한편이 허전해진다. 열심히는 살았다. 누구보다 성실하게 하루하루를 살아냈다고 말할 수 있다. 그런데도 왜 자꾸 인생이 허무하게 느껴질까.

어느 날 목사님이 말하셨다. 인간은 허무함을 안고 사는 존재라고. 그 말이 자꾸 마음에 맴돈다. 그래서일까, 지금도 나는 충분히 행복하게 살아가고 있지만, 마음속 깊은 곳엔 허무가 스며 있다. 하지만 나는 이렇게 다짐해본다. 허무함을 껴안지 않고, 오히려 그것을 넘어설 수 있는 무언가를 생각하자고. 그 무언가는 바로 '천국'이다.

죽음을 두려워하지 말자. 언젠가 모든 인생은 끝이 난다. 중요한 건 그 끝 이후를 어떻게 바라보느냐이다. 천국을 믿자. 믿음 속에서 허무함은 사라지고, 마음에 평안이 찾아온다. 우리는 언젠가 모두 떠날 존재들이기에, 남겨질 것이 없다 해도 그 자체로 충분하다. 지금 살아 있는 이 순간이 값지고, 지금 마음속으로 꿈꾸는 천국이 있기에 오늘 하루도 버텨낼 수 있다.

인생은 어쩌면 죽음을 향해 걷는 여정일지 모른다. 하지만 그 끝이 허무가 아닌 천국이라면, 우리는 오늘을 조금 더 환하게 살 수 있다. 지금 사랑하는 이가 곁에 있다면 더할 나위 없겠지만, 혼자라 해도 괜찮다. 외로움 속에서도 웃고, 허무함 속에서도 행복을 떠올릴 수 있다면, 그것이야말로 살아 있다는 증거 아닐까.

그러니 이 세상의 모든 사람들에게 말하고 싶다. 허무함을 너무 오래 붙잡지 말고, 행복을 먼저 떠올리자고. 인생에 뭐가 있겠는가. 결국 오늘 하루를 따뜻하게 살아내는 것이 전부일지 모른다. 나는 오늘도 행복하게 살고 싶다. 그리고 언젠가, 천국에서 다시 웃으며 이야기할 수 있기를 바란다.

버리지 못하는 것들,
그래도 살아간다

우리의 삶은 어쩌면 생각만큼 어렵지 않다. 누구나 하루하루를 살아가면서 실수도 하고, 그 실수를 조금씩 고쳐가는 과정을 겪는다. 그것이 바로 삶의 본질일지도 모른다. 하지만 고치는 일이 쉽지만은 않다. 특히 오랜 시간 몸에 밴 습관이라는 것은, 단순히 마음만 먹는다고 바뀌지 않는다.

    나 역시 그런 습관 중 일부를 놓지 못하고 살아간

다. 혼자 사는 삶 속에서 인간적인 작은 욕망을 버리는 일은, 어쩌면 내 삶의 일부를 떼어내는 것만큼이나 어려운 일이다. 사람의 마음은 이성적이면서도 본능적이기에, 어떤 마음은 이길 수 있고 어떤 마음은 붙잡고 살아야만 할 것 같다. 사랑도 그런 것 중 하나다. 때로는 여자와의 사랑을 떠올리며 아련해지고, 때로는 없어도 살아진다고 스스로를 달래기도 한다. 하지만 그런 현실을 받아들이고 이겨내는 일은 또 다른 싸움이다.

그렇다고 해서 낙심하고 싶은 마음은 없다. 나보다도 훨씬 더 힘든 상황에서도 묵묵히 살아가는 사람들을 떠올리면, 나는 얼마나 많은 것을 누리고 있는 사람인가 싶다. 지금 내가 하고 싶은 일을 하며 살아가고 있다는 사실만으로도 감사해야 할 이유는 충분하다. 작은 욕망 하나로 자신을 탓할 수도 있겠지만, 그런 감정조차 인간다움의 일부 아닐까.

그러니 오늘도 이렇게 다짐해본다. 힘내자고. 나를 괴롭히는 작은 욕망이 있더라도, 나만의 방식으로 삶을 살아갈 수 있다는 것만으로도 충분히 괜찮다고. 완벽하지 않아도 좋다. 버리지 못하는 것들이 있어도 괜찮다. 우리는 그렇게 흔들리면서도 하루하루를 살아낸다. 그리고 그것이 인생이다.

기술과 함께
살아가는 삶

하루하루 시간이 흘러간다. 시간이 흐르는 것이 좋은 일인지, 나쁜 일인지 명확히 말하기는 어렵다. 시간이 느리게 간다면 지루함에 지칠 것이고, 즐거움 속에서 빠르게 지나간 시간은 어느새 지나가 버려 아쉬움만 남는다. 결국 사람에게 중요한 것은 시간이 얼마나 흘렀는가가 아니라, 그 시간 동안 어떤 일을 했느냐일 것이다.

나의 삶을 돌아보면, 꼭 많은 것을 이룬 것은 아니지만 내가 좋아하는 일을 하며 살아왔고, 그 덕분인지 크게 불행하다고 느낀 적은 없었다. 다만 나는 스스로 지식이 부족하다는 걸 안다. 혼자서는 무언가를 온전히 이루기 어렵고, 언제나 누군가의 도움이 필요했다. 누군가는 혼자서 모든 것을 해내는 전문가가 될 수 있지만, 그런 사람은 세상에 많지 않다.

예를 들어 신발을 만든다고 하자. 한 사람이 처음부터 끝까지 신발을 만든다면 그는 숙련된 장인이겠지만, 그 한 켤레를 만드는 데 많은 시간이 들 것이다. 반면 여러 명이 나누어 작업한다면 더 빠르게, 더 많이 생산할 수 있다. 한 사람이 전체를 잘하지 않더라도, 각자의 공정을 잘 해낸다면 충분히 가치 있는 일이 된다. 결국 하나의 물건은 수많은 사람의 손길을 거쳐 완성되며, 작은 역할들이 모여 하나의 결과물이 된다.

삶도 이와 같다. 우리는 각자 다른 성격과 능력을 지녔고, 뛰어난 사람도 있지만 소박한 능력을 가진 사람도 있다. 그러나 세상은 뛰어난 몇 명만으로 유지되지 않는다. 한 사람 한 사람이 자신이 잘할 수 있는 일을 맡아 해나갈 때, 비로소 전체가 조화를 이루며 굴러간다. 중요한 건 모든 일을 다 잘하는 것이 아니라, 자신에게 주어진 역할을 성실히 해내는 것이다.

오늘날의 세상은 분업이 잘 되어 있고, 그 덕분에 빠르게 발전하고 있다. 과거처럼 한 사람이 모든 것을 감당하던 시절과 달리, 지금은 각자의 역할을 나누어 더 빠르게, 더 정밀하게, 더 다양하게 무언가를 만들어낼 수 있게 되었다. 이 시대에는 혼자 모든 것을 아는 것보다 함께 일할 수 있는 능력, 그리고 자신이 맡은 분야를 제대로 이해하는 것이 더 중요하다.

그렇기에 우리는 공부뿐 아니라 기술의 중요성도 기억해야 한다. 지식이 사회를 이끄는 데 큰 힘이 되지만, 물건을 만드는 힘 또한 이 세상을 움직이는 원동력이다. 어린 시절에는 공부로 삶의 기초를 닦고, 성인이 되면 돈을 벌 수 있는 기술을 익혀야 한다. 기술이야말로 삶의 무기이며, 인생의 방향을 바꾸는 중요한 자산이기 때문이다.

요즘 젊은 세대는 대학을 졸업한 뒤 생산직을 기피하는 경향이 있지만, 사실 이 사회를 움직이는 핵심은 기술을 가진 사람들이다. 손으로 만드는 모든 것에는 숙련이 필요하며, 이 숙련은 쉽게 얻을 수 있는 것이 아니다. 이제는 기술의 가치를 다시 인식해야 할 때다. 지식과 기술이 균형을 이루고, 서로 보완할 수 있을 때 이 사회는 더 따뜻하고 단단하게 앞으로 나아갈 수 있다.

냉동 인간과
인간의 끝없는
욕망

인간은 죽음을 두려워한다. 그 두려움은 오랜 세월 동안 수많은 상상과 과학의 진보를 이끌어왔다. 죽음을 피하거나 조금이라도 늦추기 위해, 우리는 '냉동 인간'이라는 개념을 만들어냈다. 아직은 살아 있지만, 생명 활동을 거의 멈춘 채 미래의 기술이 자신을 되살려주기를 기다리는 존재들. 늙지 않게 세포의 움직임을 최소화하고, 꿈을 꾸며 잠들어 있는 그들은 살아 있는 듯, 살아 있지 않은,

경계에 있는 존재다.

나는 상상한다. 이들이 꾸는 꿈 속에는 무엇이 담겨 있을까. 그들의 꿈을 이해하려면, 누군가 그 안으로 들어가야만 한다. 그래서 인간은 초능력을 떠올렸고, 특별한 이들이 냉동된 자들의 꿈 속으로 들어간다는 상상까지도 가능해졌다. 그 안에서 그들과 대화하고, 때로는 그들의 소망을 이끌어주는 존재. 하지만 그들은 과연 누구일까. 과학자인가, 의사인가, 혹은 영적인 안내자인가. 이 모든 상상은 인간이 죽음을 이해하려는, 혹은 피하려는 욕망의 한 단면이다.

냉동 인간은 단순히 육체만 살아 있는 것이 아니다. 그들은 아직 꿈을 꾸고 있기에, 어느 면에서는 '살아 있는 인간'이다. 하지만 그 꿈은 고통일 수도 있다. 살아 있으나 살아 있지 않은 시간 속에서 그들이 바라는 것은 어쩌면 단 하나, 죽음일지도 모른다. 그러나 과학은 그들에게 죽음조차 허락하지 않는다. 누군가는 그 영혼이 떠나는 것을 막고, 육체를 붙들어두고 있다. 이는 마치 과학이 인간의 자연스러운 순리를 거스르는 모습이기도 하다.

내 생각에, 냉동 인간은 인간 욕망의 정점에 서 있다. 죽지 않기 위해 잠들어 있지만, 죽음조차 자유롭지 않다. 꿈 속에서조차 자유롭지 못한 그들. 그들이 언제 깨어날지는 아무도 모른다. 아니, 깨어나지 못할지도 모른다. 결국 인간의 뇌가 완전히 죽는 순간, 꿈도 끝나고 모든 것은 사라진다. 아무리 과학이 발전해도, 인간의 영혼이 어디로 가는지는 알 수 없다. 우리는 여전히 죽음 이후의 세계를 모른다.

그렇기에 나는 묻는다. 천국은 정말 존재하는가. 냉동 인간처럼, 우리도 영원히 잠들 수는 없다. 삶이란 어차피 언젠가 끝나는 여정이기에, 사는 동안에 더 많이 웃고, 더 많이 사랑하고, 더 많이 나누는 것이 중요하다. 병들고 늙는 것은 두렵지만, 나를 닮은 아이가 세상에 있다는 사실만으로도 위로가 된다. 삶이 허무하게 느껴질지라도, 그 안에 담긴 작고 따뜻한 의미들이 우리를 지탱해줄 것이다. 그리고 언젠가 마지막 잠에 들게 될 그날까지, 우리는 오늘이라는 현실 속에서 행복을 찾아야만 한다.

개인주의와
공존의 균형

요즘 사회는 개인주의가 만연하다고들 한다. 각자가 자신만을 생각하고, 자신의 행복을 최우선으로 여긴다는 비판이 종종 들려온다. 하지만 나는 묻고 싶다. 과연 자신을 먼저 챙기는 것이 반드시 이기적인 행동일까? 나는 내가 먼저 행복해야 다른 이도 도울 수 있다고 믿는다. 그렇게 본다면, 나 또한 개인주의자일지 모른다. 그러나 그 말 속에는 오직 '나만' 생각하는 마음이 아닌, '나부터'

생각하는 태도가 담겨 있다.

이 세상 모든 존재는 서로 연결되어 있다. 내가 잘되어야, 그 여파가 남에게도 퍼진다. 북한의 사례를 떠올리면 쉽게 이해할 수 있다. 몇몇 지도자만 잘 살고 다수는 굶주린다면, 그것이 진정한 국가의 발전일 수 없다. 한 사람 한 사람이 잘살아야, 진짜 나라가 잘되는 것이다. 결국 나 하나의 삶이 중요하다는 믿음은 곧, 사회 전체의 선순환을 위한 밑거름이 될 수 있다.

물론 모든 사람에게 같은 잣대를 들이댈 수는 없다. 누구는 적은 수입 속에서도 매달 조금씩 기부하며 살아간다. 그런 사람은 진심으로 존경받아 마땅하다. 하지만 가진 것이 없으면서도 자신을 돌보지 않고 남에게 무리하게 베푸는 것은 자칫 자기파괴일 수 있다. 자신을 지키지 못하면, 남도 지킬 수 없다.

그렇기에 나는 개인주의라는 말을 무턱대고 부정하고 싶지 않다. 진정 문제는, '모든 것을 가진 이들'의 태도에 있다. 넘치도록 가진 사람들이 사회에 환원하지 않고, 되레 세금조차 줄이려는 행위는 진짜 개인주의의 어두운 그림자다. 재벌이나 기업인들이야말로 사회와 국가로부터 수많은 혜택을 받아 성장해왔으니, 그들에게는 의무가 따른다. 세금을 성실히 내는 것, 남은 것을 사회적 약자를 위해 사용하는 것, 그것이 진짜 책임감이다.

그 돈은 장애인, 노인, 학생들을 돕는 데 쓰일 수 있다. 우리는 늙는다. 늙은 사람에게 가장 큰 행복은 '편하게 죽는 것'일지도 모른다. 또한 공부를 잘하지만 경제적으로 어려운 학생에게 기회가 주어지면, 그들이 또 다른 세상의 희망이 될 수 있다. 기업이 성장하는 목적은 이윤뿐만이 아니다. 세상을 바꾸고, 사람들의 기억에 남기 위한 것이기도 하다. 그렇게 남긴 이름은 언젠가 위대한 유산이 된다.

나는 아직도 나 하나 챙기기 벅찬 삶을 살아가고 있다. 하지만 만약 내가 죽는다면, 내가 가진 모든 것은 사회에 돌려주고 싶다. 죽음 앞에서는 그 어떤 소유도 무의미하니까. 하지만 지금은, 살아 있는 지금은, 나의 삶이 중요하다. 이것은 이기적인 개인주의가 아니다. 생존을 위한 현실이고, 스스로를 지키며 사는 삶의 기본이다. 그리고 나는 믿는다. 그렇게 자신을 지키는 사람들이 결국 더 나은 세상을 만든다는 것을.

인간적인 글,
인간적인 나

나는 하나님을 전할 자격이 없다고 생각한다. 내 글을 곱씹어 보면, 그것은 성경적이라기보다는 철저히 인간적인 이야기들로 채워져 있다. 신앙을 고백했지만, 그 고백은 하나님을 증명하려는 시도라기보다는 나라는 인간이 삶을 어떻게 느끼고 살아내고 있는지를 드러낸 기록일 뿐이다. 나의 글이 누군가에게 신앙의 길잡이가 되기를 바란 적도 없다. 나는 그저 삶을 조금 더 재미있고, 조금 더 단단하게 살아가기 위한 질문과 고백을 적어 내려왔을 뿐이다.

사람들은 종종 신앙을 이야기할 때, 절대적인 진리와 교리를 통해 자신을 증명하려 한다. 하지만 나는 그럴 수 없다. 나는 그저 평범하게, 때로는 휘청이며 살아가는 인간이고, 나의 시선과 감정, 그 안에서 피어나는 생각을 글로 담아낸다. 그 안에는 완벽한 교훈도 없고, 누군가를 계몽하려는 의도도 없다. 단지 나의 삶이 있고, 나의 감정이 있다. 그리고 그 삶의 언저리에 '나는 하나님을 믿는 사람입니다'라는 사실이 조용히 놓여 있을 뿐이다.

어쩌면 그래서 내 글은 누군가에게 더 가깝게 다가갈 수 있을지도 모른다. 거룩함보다 솔직함이, 가르침보다 공감이 더 절실한 이들에게는 말이다. 나는 성경을 대신해 말하려 하지 않는다. 대신, 내 삶을 솔직하게 마주하고 기록함으로써, 또 다른 누군가가 자신의 삶을 돌아보는 데 작은 힘이 될 수 있기를 바란다. 결국 내가 쓰는 글은 나라는 인간의 흔적이다. 믿음도, 고민도, 후회도, 다짐도 모두 그 흔적 안에 녹아 있다.

나는 오늘도 완전하지 않다. 그러나 나는 계속 쓰고 싶다. 부족한 인간으로서, 느끼고 생각한 것을 적으며 살아가고 싶다. 그것이 곧 나답게 살아가는 방식이고, 내가 하나님 앞에 설 수 있는 솔직한 자세라고 믿는다. 하나님을 드러내지 못하더라도, 나는 내 글 속에서 나를 정직하게 드러내고 있다. 그것이면, 지금의 나는 충분하다.

암흑 물질과 빛,
그리고
인간의 상상력

어제 우연히 읽은 글 하나가 나를 깊은 생각에 잠기게 했다. 컴퓨터 화면 속에는 암흑 물질을 연구하는 과학자들의 이야기와 태양계를 넘어선 인류의 도전이 담겨 있었다. 내게는 낯선 용어와 복잡한 이론들이었지만, 그 속에서 나는 어떤 질문을 붙들게 되었다. 암흑 물질은 과연 우리 태양계에 어떤 영향을 미치는가, 그것은 단순히 이론의 영역에만 머무는 것인가.

우주는 여전히 인간의 손이 닿지 않은 신비로운 세계다. 태양의 빛을 에너지로 삼아 움직이던 인공위성들도 이제는 태양계를 벗어난 영역에 도달하고 있다. 빛이 닿지 않는 공간에서는 더 이상 기존의 방식으로 에너지를 얻을 수 없고, 따라서 인류의 우주 연구도 새로운 한계에 부딪히게 된다. 그 한계를 극복하려는 시도가 바로 암흑 물질이나 힉스 입자에 대한 탐구로 이어졌을 것이다.

나는 과학자가 아니다. 하지만 상상할 수는 있다. 만약 빛보다 빠른 물질이 존재한다면, 그 물질은 시공간을 초월해 미래로 갈 수 있을까? 아인슈타인의 상대성 이론이 말하듯 빛이 시간의 기준이라면, 빛보다 빠른 것이 있다면 그 속에서 시간은 어떤 의미를 가지게 될까? 시간이라는 개념 자체가 재정의될지도 모른다.

또 한 가지 떠오른 생각은 암흑 물질과 빛의 질량이다. 빛은 질량이 없는 입자라고 알려졌지만, 만약 어둠이란 개념도 입자적으로 접근된다면, 빛과 어둠은 어떤 질량적 관계를 가질 수 있을까. 암흑 물질의 질량을 측정할 수 있다면, 어쩌면 빛의 본질도 그 속에서 새롭게 이해될 수 있지 않을까 하는 생각이 든다. 어둠이 존재하기에 빛도 존재한다는 이 단순한 이치를 물리적으로 풀어내는 날이 올지도 모르겠다.

결국 과학이란, 모든 것을 아는 것이 아니라 알지 못하는 것을 질문하는 일이다. 내 짧은 지식과 상상력이 이 거대한 질문 앞에서 얼마나 부족한지는 중요하지 않다. 중요한 것은, 우리가 여전히 이 세계를 탐구하려는 의지를 가지고 있다는 것이다. 우리가 빛을 좇고 어둠을 두려워하지 않는 한, 인류는 계속해서 앞으로 나아갈 것이다. 그리고 그 여정의 끝에는, 어쩌면 지금 우리가 상상한 것보다 훨씬 더 크고 깊은 진실이 기다리고 있을지도 모른다.

나는
까마귀였을까

내가 처음으로 설교를 듣고 눈물을 흘린 날은 학생 시절이었다. 설교의 내용은 방주와 노아, 하나님의 심판과 비에 잠긴 세상이었다. 물로 가득 찬 땅 위에서, 노아는 방주 안에서 까마귀를 날려 보내고, 뒤이어 비둘기를 날렸다. 까마귀는 죽은 고기에 빠져 돌아오지 않았고, 비둘기는 나뭇잎을 물고 돌아와 새로운 시작을 알렸다. 나는 그때, 스스로를 까마귀 같다고 느꼈다. 하나님이 아닌 세상의 것들에 시선을 빼앗긴 채 돌아갈 줄 모르는, 그런 삶을 살고 있었던 것이다.

지금 내 삶을 돌아보면, 그 생각은 더 깊어진다. 나는 세상의 돈이 중요했고, 타인의 시선이 중요했고, 안락함이 중요했다. 비둘기처럼 하나님의 뜻을 되새기기보다는, 까마귀처럼 익숙하고 탐욕적인 것에 매달려 살아왔다. 하지만 과연 이게 틀린 것일까. 설교를 듣고 눈물 흘렸던 그때의 나를 지금도 떠올리는 것을 보면, 나는 여전히 하나님을 마음에 두고 있다.

세상에서 살아가는 일은 녹록치 않다. 하나님과 천국을 믿지만, 동시에 현실을 살아내야 한다. 돈도, 관계도, 책임도 피할 수 없다. 그런 의미에서 우리는 모두 어느 정도 까마귀 같은 존재들인지도 모른다. 그러나 하나님께서 인간에게 완벽함을 요구하셨다면, 예수님을 보내실 필요도 없었을 것이다. 인간은 불완전하기에, 때로는 세상을 쫓고 욕망에 흔들리며 살아간다. 그리고 바로 그런 인간을 위해 예수님이 이 땅에 오신 것이 아닐까.

나는 이제, 까마귀 같았던 과거의 나를 부끄러워만

하지는 않는다. 내가 누구였는지를 알고 돌아오려는 마음, 그것이 더 중요하다고 믿는다. 하나님과 예수님을 믿고, 동시에 이 땅의 삶도 소중히 여기는 것. 그것이 내가 생각하는 진실된 신앙의 모습이다. 나를 포함한 많은 이들이 까마귀처럼 방황하고 있지만, 언젠가는 나뭇잎을 물고 돌아오는 비둘기의 마음을 품을 수 있기를 바란다.

우리는 인간이다. 죄를 피할 수 없는, 완전하지 않은 존재다. 그렇기에 더욱 서로를 이해하고, 신앙과 현실을 함께 품어야 한다고 믿는다. 나는 여전히 부족하고, 여전히 흔들리지만, 그럼에도 하나님을 믿는다. 그것이 나의 믿음이며, 삶을 살아가는 방식이다.

아버지들의
땀방울 위에 선
오늘

대한민국은 한때 참으로 가난한 나라였다. 지금의 모습으로는 상상하기 어렵지만, 당시엔 하루하루 생계를 잇는 것조차 쉽지 않았다. 그런 시절, 우리 아버지들은 아무런 보장도 없이, 꿈도 접은 채 그저 나라를 위해, 가족을 위해 묵묵히 일하셨다. 누가 알아주지 않아도, 누가 기억해주지 않아도, 그들은 쉼 없이 몸을 움직이며 대한민국의 기초를 다졌다.

어떤 이는 독일의 탄광으로, 어떤 이는 간호사로, 또 어떤 이는 중동의 사막으로 떠났다. 그들은 모래바람 속에서, 먼 타지에서 고된 노동을 감내하며 외화를 벌어들였고, 그것은 곧 나라의 빚을 갚는 담보가 되었다. 아무도 그들에게 '당신이 애국자'라 말해주지 않았지만, 그들의 손끝에서 나라가 다시 일어났다. 이토록 소중한 역사 앞에, 오늘을 사는 우리는 감사의 말을 아끼지 않아야 한다.

지금의 우리가 누리는 편안함은 그들의 고생 위에 있다. 더 이상 허기지지 않고, 따뜻한 집에서 불을 밝히며 살 수 있는 이유는, 그 시절 아버지들이 있었기 때문이다. 그렇기에 우리 젊은 세대는 이 은혜를 잊지 말아야 한다. 더 많이 배우고, 더 치열하게 일하고, 더 넓은 세상을 향해 나아가야 한다. 그들이 쌓아올린 기반 위에 새로운 미래를 지어야 한다.

대한민국은 아직도 갈 길이 많지만, 우리는 희망을 가질 수 있다. 왜냐하면, 그 희망을 가능하게 만든 이들이 과거에 존재했기 때문이다. "대한민국, 화이팅." 단순한 구호가 아니다. 이 말에는 과거의 고통을 딛고 일어선 이들에 대한 존경이 담겨 있고, 앞으로를 살아갈 우리 모두의 다짐이 실려 있다.

마지막으로, 아무 대가 없이 몸을 바쳐 일하신 우리 아버지들께 진심으로 감사드린다. 당신들의 땀방울 위에 우리가 서 있습니다.

꿈과 야망, 그리고 현실 속의 믿음

사람은 누구나 가슴속에 불씨처럼 작은 꿈과 야망을 안고 살아간다. 그것은 단순한 욕망이 아니다. 진실된 야망은 세상을 바꾸는 원동력이 되고, 인류의 진보를 가능하게 한다. 누군가 하늘을 날고 싶다는 야망이 있었기에 비행기가 만들어졌고, 별을 향한 꿈이 있었기에 우주로 나아갈 수 있었다. 그래서 나는 믿는다. 야망이 없는 세상은 과학도, 문화도, 변화도 없는 멈춘 세계일 것이라고.

나는 기독교인이다. 하나님을 믿는 사람으로서 하나님을 중심에 둔 삶을 추구하지만, 동시에 현실에 발을 딛고 살아가는 인간이다. 온 세상이 하나님만을 갈망한다면, 하나님의 일은 모두 끝나버리는 것이 아닐까 하는 생각도 문득 든다. 모두가 똑같이 생각하고 똑같은 방향으로 움직인다면, 다양성과 창조의 이유는 무엇일까. 나는 그런 질문들을 품고 살아간다.

야망과 꿈은 같은 듯 다르다. 꿈은 이상을 그리는 것이고, 야망은 그것을 현실로 만드는 추진력이다. 이 두 가지가 함께 있을 때, 인간은 그 이상을 향해 걸어갈 수 있다. 현실은 언제나 쉽지 않다. 때론 신념을 흔들기도 하고, 믿음을 시험하기도 한다. 하지만 그렇기에 우리는 더욱 분별력을 지녀야 한다. 믿음과 현실을 구분할 줄 알아야 하고, 현실을 무시하지 않으면서도 믿음을 놓지 않아야 한다.

나는 하나님의 존재를 믿는다. 동시에 나는 인간으로서 현실을 살아간다. 언젠가 지구의 마지막 날이 올지도 모른다. 그날이 언제이든, 우리에게 주어진 하루하루는 지금 여기에 존재한다. 그렇기에 믿음이 중요하듯, 이 땅에서 우리가 실천해야 할 행동도 중요하다. 야망을 품고, 꿈을 그리고, 현실에 발을 딛고, 믿음을 가슴에 품고 살아가는 것. 그것이야말로 인간다운 삶이 아닐까.

마지막 날에도
한 그루의
나무를 심겠다

마지막 날이 와도 나는 한 그루의 나무를 심겠다고 말한 사람이 있다. 그 말은 단지 낭만적인 은유가 아니라, 우리가 어떤 상황에 있든 정신을 바짝 차리고 삶을 살아야 한다는 메시지처럼 느껴진다. 마지막이라는 말은 누구에게나 두렵고 불확실하다. 세상의 종말을 예언하는 목소리들은 예나 지금이나 끊이지 않았지만, 그 많은 외침 속에서도 우리는 여전히 오늘을 살아가고 있다.

삶은 그렇게 언제 끝날지 모르는 여정이다. 그렇기에 더욱 중요한 건, 그 끝을 예측하는 것이 아니라 지금 이 순간에 얼마나 충실하느냐다. 누가 마지막 날을 알 수 있을까. 인간은 끝을 모르기에 두렵고, 모르기에 더 나아가려는 본능을 지닌다. 그래서 우리는 준비하며 살아간다. 그러나 그 준비는 종말의 공포에 짓눌리는 것이 아니라, 믿음을 품고 하루를 살아가는 자세에서 비롯되어야 한다.

예수님을 믿고, 하나님을 신뢰하는 삶은 마지막 날을 기다리는 삶이 아니다. 오히려 그날이 언제 오더라도 부끄럽지 않게 살아가는 삶이다. 이단들이 자주 말하듯 마지막 날이 곧 오리라는 말에 흔들리는 것이 아니라, 그날이 오든 오지 않든 내 삶을 묵묵히 살아가는 태도가 중요하다. 누가 천국에 들어갈지, 구원을 받을지는 사람이 정하는 것이 아니라 오직 하나님이 정하실 일이다.

그러니 우리는 누군가의 기적 이야기에 현혹되어 길을 잃지 말고, 나의 삶을 돌아보며 오늘도 성실히 살아가야 한다. 사람은 누구나 한 번은 죽는다. 그러니 "천국가려면 죽어야 간다"는 우스갯소리가 어쩌면 그리 틀린 말도 아니다. 그러나 죽음을 기다리는 삶이 아니라, 그날이 오기 전까지 하루하루를 나무를 심듯 살아내는 것. 그것이 우리가 해야 할 일이다.

하나님이 구원을 주시는 날이 언젠지 우리는 모른다. 그러나 지금 이 순간, 나는 믿음을 지키고 내 일을 해내며, 또 하루의 빛을 따라 나무 한 그루를 심듯 살아가려 한다. 마지막 날은 반드시 오겠지만, 그날까지 삶을 아끼고 사랑하며 살아가는 것이 우리가 이 땅에 있는 이유다.

죽음을 준비하는 삶, 편안한 마지막을 위하여

삶과 죽음, 부부와 질병, 그리고 노쇠. 이 단어들은 모두 인간이 반드시 마주하게 되는 현실을 담고 있다. 우리는 누구나 늙고 병들며 결국 죽음이라는 끝에 다다른다. 그러나 그 과정 속에서 서로를 보살피는 관계, 특히 가족이라는 존재는 삶의 무게를 조금은 덜어주는 역할을 한다. 그중에서도 어머니란 존재는, 자신이 병들어 죽음을 앞두고 있어도 자식 걱정부터 앞선다. 아직 장가도 가지 않은 아들, 자신이 죽으면 누가 밥을 챙겨주고 반찬을 해줄까 걱정하는 그 마음은, 사랑이라는 말로도 설명이 다 되지 않는다.

죽음은 결국 혼자 맞이해야 하는 일이지만, 그 길에 이르기까지 누군가와의 연대, 보살핌은 삶을 조금 더 견딜 만하게 만든다. 하지만 결국 인간은 스스로의 죽음을 마주해야 하고, 그 순간은 누구에게나 외롭고 고독할 수밖에 없다. 신은 우리에게 죽음을 선택할 수 있는 권리를 주지 않았다. 그렇기에 우리는 죽음 앞에서 준비하며 살아가는 것이다.

나는 혼자 살아간다. 그래서 더더욱 내 노년을 구체적으로 상상하게 된다. 나이가 들어 더 이상 돈을 벌 수 없게 되면, 그동안 모아둔 돈을 꺼내 좋은 양로원에 들어갈 계획을 세운다. 수영장도 있고, 헬스장도 있고, 에어로빅을 할 수 있는 곳. 늙더라도 바쁘고 건강하게 지내고 싶다. 춤을 추고, 땀을 흘리며, 그렇게 하루하루를 채우다 마지막 날을 맞이하고 싶다. 죽음이 찾아왔을 때 그저 조용히, 그러나 후회 없이 떠나는 삶. 그것이 내가 바라는 마지막이다.

　죽음을 두려워하지 않기 위해서는 살아 있는 동안 잘 살아야 한다고 믿는다. 젊은 날의 행복은 추억으로 남기고, 노년의 삶은 마치 인생 전체를 결정짓는 마지막 시험처럼 중요하게 느껴진다. 그래서 나는 지금부터 죽음을 준비한다. 내 방식대로, 내가 원하는 마지막을 위해 지금을 살아간다.

　천국이 있다면 더할 나위 없이 좋겠지만, 설령 그곳이 없다 해도, 나는 이 땅에서의 삶을 건강하고 당당하게 마무리하고 싶다. 나이 마흔하나, 곧 마흔둘. 아직 젊다고 생각할 수도 있지만 나는 벌써부터 마지막을 준비한다. 죽음 앞에서도 초라하지 않기 위해, 마지막까지 나답게 살기 위해. 이것이 내가 꿈꾸는 삶이다. 편안한 죽음, 그것이 내가 살아가는 이유 중 하나다.

다가올
한 해를 위한
다짐

이제 12월, 한 해의 끝자락에 서 있다. 2013년이라는 숫자가 주는 무게를 되짚으며, 우리는 묻는다. 나는 올해 무엇을 했는가, 실수한 일은 없었는가. 한 해의 끝은 어김없이 자신을 돌아보게 만든다. 지나온 시간 속에는 기쁨도 있었고, 아쉬움도 있었으며, 때로는 스스로를 책망하게 하는 실수도 있었을 것이다. 하지만 그런 모든 순간들이 쌓여 오늘의 나를 만든다.

다가올 2014년이 특별히 큰 변화를 가져다주지 않을지도 모른다. 인생은 쉽게 바뀌지 않고, 하루아침에 모든 것이 좋아지지는 않는다. 그래도 희망은 남아 있다. 어떤 해보다 좋은 일이 생길 수도 있다는 기대, 그리고 더 나은 내일을 향한 다짐. 그것만으로도 우리는 새해를 준비할 이유가 충분하다.

이제는 정리의 시간이다. 지나간 날들을 정리하고, 다가올 날들을 설계해야 한다. 거창한 일을 하지 않아도 괜찮다. 그저 맡은 바 책임을 다하며 하루하루를 성실히 살아가는 것이 가장 확실한 삶의 방식일지 모른다. 그렇게 오늘을 충실히 살아낸 이들이 내일의 꿈을 이룰 수 있다.

이 글을 읽는 모든 이들에게 말하고 싶다. 우리 모두 2013년을 즐겁게 마무리하고, 2014년에는 스스로에게 떳떳한 목표를 세워 한 걸음 더 나아가길 바란다. 마음을 다지고 다가올 앞날을 준비하자. 누구도 쉽게 꿈을 이루지 않지만, 그 꿈을 이루기 위해 노력하는 사람은 분명히 빛날 것이다.

우리 모두, 새로운 해를 맞이하는 지금 이 순간을

출발점 삼아 다시 힘을 내자. 2014년이 우리의 꿈에 한 걸음 더 가까워지는 해가 되기를 진심으로 바란다. 모두 화이팅!

최선을
다하는 삶이
아름답다

우리는 자신의 삶을 온전히 지배할 수는 없다. 운명이라는 것, 혹은 환경이라는 틀 안에서 우리는 어느 정도 정해진 길을 걸어간다. 그렇지만 우리가 할 수 있는 일은 분명 있다. 바로 그 한정된 틀 안에서 어떻게든 더 나은 삶, 더 아름다운 삶을 만들어가기 위해 애쓰는 것이다. 그것이 우리가 우리 자신에게 해줄 수 있는 최선의 노력이다.

삶이란 결코 쉽지 않다. 때론 억울하고, 때론 의미 없어 보이며, 때론 너무도 고되다. 그래도 우리는 최선을 다해야 한다. 공부하고, 일하고, 사랑하고, 또 즐기는 것. 그렇게 하루하루를 살아내는 것이 삶의 본질이 아닐까. 우리는 늘 묻는다. 무엇을 위해 사는가. 돈을 벌기 위해서인가, 아니면 어떤 성취를 이루기 위해서인가. 하지만 돈이 많든, 권력이 있든, 결국 인간은 모두 죽는다. 누구도 죽음을 피할 수 없으며, 누구도 죽음 이후의 세계를 확실하게 말할 수 없다.

종교는 천국을 약속한다. 신을 믿으면 죽은 후 더 좋은 세계가 있을 거라고 말한다. 하지만 그 누구도 과학적으로 그것을 증명한 사람은 없다. 그럼에도 우리는 죽음 이후의 삶에 대한 희망을 놓지 않는다. 왜냐하면 인간은 너무도 허무한 생을 살아가고 있기 때문이다. 늙고 병들어가는 몸, 흘러가는 세월 앞에서 우리는 결국 머물 수 없는 존재라는 사실을 절감하게 된다. 그렇기에 천국이라는 개념은 우리에게 위안이 되기도 한다.

하지만 바로 그 천국이라는 개념을 왜곡해 악용하

는 이단도 있다. 허무한 삶을 미끼로, 현실의 노력을 무시하게 만들고 천국만을 바라보게 한다. 이것은 위험한 유혹이다. 천국이 중요한 것이 아니라, 지금 이 삶을 어떻게 사느냐가 더 중요하다. 결국 우리가 해야 할 일은 단 하나다. 죽음 이후에 대해 고민하기 전에, 살아 있는 지금 이 순간에 최선을 다하는 것.

나는 특별한 사람이 아니다. 학벌도 없고, 가진 것도 없다. 어린 시절엔 별생각 없이 지냈고, 노력조차 게을리 했다. 그 덕에 어른이 되어서는 세상이 얼마나 냉정한지를 뼈저리게 느끼며 살았다. 꿈은 허상이었고, 현실은 버거웠다. 그러나 아이러니하게도 지금 나는 만족하며 살고 있다. 결혼하지 않았고, 혼자 지낸다. 외롭다고 느낄 때도 있지만, 불행하다고 생각한 적은 없다. 이유는 단순하다. 지금의 내 삶에 최선을 다하고 있기 때문이다.

삶은 화려하지 않다. 때로는 지루하고, 반복되고, 고단하다. 그러나 그 안에서 내가 할 수 있는 최선을 다할 때, 거기서 오는 성취감이 곧 행복이 된다. 공부가 그렇고, 일도 그렇다. 뭔가를 이루고자 노력하는 과정 속에서 사람은 행복을 느낀다. 물론 노력해도 안 되는 순간도 있다. 그러나 그 안에서도 나 자신을 믿고 하루를 살아내는 것이 곧 인생이다.

그래서 나는 말하고 싶다. 사실 인생이란 대단한 것이 아니다. 하지만 힘들더라도, 실망스럽더라도, 후회스럽더라도 우리는 최선을 다해 살아야 한다. 그것이 바로 행복의 시작이며, 우리가 인간으로서 가질 수 있는 가장 위대한 태도이다.

만족과 불만,
그 사이에서의 삶

우리는 어떻게 살고 있는가. 기쁘게 살고 있는가. 인생을 돌아보면 누구나 한 번쯤 이런 질문을 스스로에게 던져본다. 어떤 이는 오늘 하루를 감사하며 살아가고, 또 어떤 이는 부족함 속에서 불만을 품고 살아간다. 세상은 원래 그렇게 다양한 모습으로 살아가는 사람들이 함께 엮여 돌아간다. 나는 그중에서 만족을 택해 살아가는 편이다. 돈을 많이 벌지는 않지만, 현재의 삶에 크게 불만은 없다. 내가 원하는 만큼만 쓰고, 책임져야 할 가족이 없기에 그럭저럭 살아갈 수 있는 것이다.

하지만 모두가 나처럼 살아간다면 세상은 과연 어떻게 될까. 데모도 없고, 불만도 없다면 겉보기에 평온할 수는 있겠지만, 과연 정의롭고 균형 잡힌 사회일까. 그렇지는 않을 것이다. 노동자들의 정당한 목소리, 불합리함에 대한 항의가 없다면 변화도 없다. 예를 들어, 물가는 오르고 있지만 월급이 제자리라면, 가족을 부양해야 하는 누군가는 분명 고통받을 수밖에 없다. 이런 상황에서 혼자 소리치면 손해를 보기 쉽다. 그래서 함께 목소리를 내야 한다. 여론을 모아야 한다. 그래야 '불만'이 '개선'이라는 결과로 이어질 수 있다.

물론 회사 사정이 어렵다면, 구성원으로서 감내해야 할 부분도 있다. 그런 상황에서는 잠시 자신을 희생할 수도 있어야 한다. 하지만 그 희생이 반복되어 당연시되면 안 된다. 애초에 사장님이 공정한 분이라면, 직원의 고충을 먼저 헤아려 월급을 조금이라도 올려주지 않을까. 그런 믿음을 가질 수 있는 직장이라면, 사람들은 덜 불만스럽고 더 기쁘게 일할 수 있을 것이다.

    나는 지금 혼자 살아서 이런 문제들과는 조금 거리가 있다. 아이가 있는 것도 아니고, 매달 빠듯한 살림을 운영하는 것도 아니다. 그래서인지 때로는 내가 왜 이런 생각을 하는지, 왜 이런 글을 쓰고 있는지 스스로도 잘 모르겠다. 아마도 언젠가 나에게도 가정이 생기고 책임질 존재가 생긴다면, 오늘 내가 쓴 이 글이 나를 위한 조언이 될지도 모르겠다.

    삶은 언제나 만족과 불만 사이에서 흔들린다. 중요한 건 그 흔들림 속에서도 내가 선택할 수 있는 방향을 잃지 않는 것이다. 오늘의 작은 목소리가, 내일의 조금 더 나은 세상을 만드는 시작이 될 수 있으니까.

가난에서
벗어나는 길,
반복과 노력

민주주의는 정말 좋은 것일까? 모두가 평등하고 자유로운 세상처럼 보이지만, 현실의 민주주의는 종종 부패와 타협하며 흘러간다. 그렇다고 공산주의가 대안이 될 수는 없다. 공산주의는 개인의 자유를 억압하고, 단지 재산뿐 아니라 사람들의 인격까지 짓밟을 수 있다. 그러니 완벽하지 않더라도 우리는 민주주의 안에서 더 나은 길을 모색해야 한다. 공평한 분배는 어려울 수 있지만, 적어도 노력하고 말할 수 있는 자유는 남아 있다.

현실 속에는 아무리 일해도 돈을 벌지 못하는 사람들이 있다. 그들의 고통은 단순히 수입이 적어서가 아니다. 더 근본적인 이유는 지식의 부족, 그리고 만족을 모르는 마음이다. 이들은 종종 직장을 옮기고, 안정되지 않은 삶을 반복한다. 그러나 가난에서 벗어나는 가장 확실한 방법은 단 하나다. 바로 노력이다. 배우고, 반복하고, 포기하지 않는 것. 이 단순한 원칙이 우리가 붙잡아야 할 삶의 지침이다.

나는 사실 노력하는 삶을 잘 살지 못했다. 내가 좋아하는 일만 하며 살아왔다. 하지만 한 가지는 분명히 느낀다. '반복해도 지겹지 않은 일', 그것이 바로 재능이다. 자신이 잘하는 일을 찾아 열심히 반복하다 보면, 그것은 기술이 되고, 지식이 되고, 결국은 나만의 경쟁력이 된다. 아무리 재능이 있어도 노력과 배움이 따르지 않으면 아무 소용이 없다. 재능은 타고나는 것이 아니라 반복을 통해 길러진다.

직장을 다니는 이들이라면 함부로 이직하지 말고,

현재 속에서 자신의 재능을 발견해보자. 재능은 시간이 걸려야 드러난다. 조급하지 말고, 포기하지 말고, 반복하자. 그렇게 시간을 들이다 보면, 어느 순간 당신도 전문가가 되어 있을 것이다. 전문가가 되는 순간, 돈을 버는 힘도 함께 따라온다. 결국, 돈이 아깝다고 배우지 않고, 귀찮다고 반복하지 않으면 우리는 실패자가 되고 만다.

어렸을 땐 하고 싶은 일은 다 할 수 있을 줄 알았다. 하지만 세상은 그렇게 만만치 않다. 그래서 지금은 믿는다. 가난을 이기는 가장 좋은 방법은 내가 하고 싶은 것을 열심히 배우는 것이다. 시간이 들어도, 돈이 들어도, 노력하는 것만이 나를 살린다. "일하지 않는 자, 먹지도 말라"는 말은 단순한 교훈이 아니다. 인간이 게으름으로 인해 얼마나 큰 대가를 치를 수 있는지를 알려주는, 삶의 진리다.

노력하자. 반복하자. 그리고 나만의 재능을 만들어내자. 그것이 우리가 가난을 딛고 일어서는 길이다.

나를
마주하는
용기

사람들은 때때로 내게 말하지 않아도 어떤 판단을 하고 있다는 것을 느낀다. "네가 결혼을 못 하는 건 당연해." 어쩌면 그 말은 맞는 것 같다. 나는 우유부단하고, 옳고 그름을 알면서도 행동으로 옮기지 못한다. 내 생각보다는 타인의 말을 더 따르고, 결국엔 내 안의 목소리는 사라져버린다. 아무것도 이루지 못하고 그저 흘러가는 삶을 사는 듯하다.

내 단점은 명확하다. 노력하지 않고, 흘러가는 대로 살아간다. 남을 평가하기에 앞서 스스로를 돌아보면, 부끄러운 구석이 많다. 그래서일까. 소크라테스가 말한 "너 자신을 알라"는 말이 마치 나를 향한 경고처럼 들린다. 나는 자립하지 못하는 사람이다. 남의 아픔에는 무심하면서도, 내가 무시당하는 건 서운해한다. 내 행동이 그러했으니, 무시받는 것도 어쩌면 당연한 일인지도 모른다.

운전을 못 해 어디든 쉽게 떠나지 못하고, 신앙마저도 마음의 중심이 아닌 대충 믿는 수준에 머물러 있다. 형이 어디를 가면 그저 따라붙는 내 모습은, 주도성 없는 삶을 그대로 보여준다. 물론 나도 자유롭게 돈 쓰며 살고 싶다. 하지만 현실은 그렇지 않다. 늙었을 때를 생각해 아끼는 지금의 내가, 어쩌면 더 진짜 나일지도 모른다.

나는 이렇게 생각한다. 젊음은 추억이고, 노년은 삶의 전부다. 그렇기에 늙었을 때 행복할 수 있다면, 젊음을 바치는 것도 괜찮다고. 글을 쓰며 노력하자고 외쳤지만, 정작 나는 노력하지 못한 사람이다. 그럼에도 불구하고, 내 삶에 큰 후회는 없다. 결혼하지 않아도 괜찮을 것 같다는 생각도 든다. 하지만 솔직히 말하면, 혼자 사는 건 싫다. 특히 누군가를 사랑하지 못하고, 사랑받지 못하는 현실은 참 외롭다. 그것이 내 삶에서 가장 슬픈 부분이기도 하다.

그래서 나는 오늘도 나를 돌아본다. 내 모습이 부족하다는 것을, 내 삶이 원하는 만큼 반짝이지 못했다는 것을 인정하는 데서부터 다시 시작하려 한다. 한심한 모습도 결국 나의 일부이고, 그걸 받아들이는 것이 나를 마주하는 첫걸음일 것이다.

3부

사람 사이에서
흔들리며
깨달은 것들

열심히 살아가는
한 해를 위하여

새해가 밝았다. 새로운 마음과 새로운 각오로 또 한 해를 시작한다. 올해는 더욱더 열심히 살아야겠다고 다짐한다. 열심히 일하고, 열심히 돈을 모으고, 열심히 놀고, 열심히 음악도 해야겠다. 기타 악보를 펼쳐 연습하는 시간마저도 소중하게 느껴진다. 생각해보면, 이렇게 열심히 할 수 있는 일이 있다는 것 자체가 얼마나 감사한 일인가.

월급이 제때 나오고, 집도 있고, 성가대 활동도 이어가고 있다. 내가 좋아하는 베이스 기타를 연습할 수 있는 시간도 있다. 그렇게 바쁘게 살아가다 보면 어느새 시간이 훌쩍 흘러간다. 건강이 뒷받침되기에 가능한 일이다. 건강이 있어야 내가 좋아하는 일도 마음껏 할 수 있다. 그래서 오늘도 감사한 마음으로 하루를 산다.

살다 보면 불만도 생기고 아쉬움도 있다. 그러나 지금 가진 것에 감사하며 열심히 살아가는 것이 불평하는 삶보다 훨씬 건강하다. 시간이란 유한한 것이고, 그 시간을 내가 좋아하는 일로 채울 수 있다면, 그것만으로도 참된 행복이 아닐까 싶다.

물론 돈을 많이 벌 수 있다면 좋겠지만, 돈이 전부는 아니다. 건강한 몸, 일할 수 있는 일터, 함께하는 사람들, 그리고 따뜻한 집이 있다면 이미 충분한 축복이다. 여기에 사랑하는 사람과 나를 닮은 아이까지 있다면 더욱 좋겠지만, 그렇다고 그것이 없다고 슬퍼할 필요는 없다. 혼자 살아도 즐거운 세상이지만, 사랑이라는 감정은 여전히 마음 한편을 간질인다.

사랑은 욕망에서 시작되지만, 그 욕망은 인간다운 감정이며, 세상을 이어가는 원동력이다. 아담과 하와 이후로 인류가 이어져 온 것도 바로 이 사랑에서 비롯된 욕망 덕분이 아닐까. 사랑은 꿈이고, 책임이며, 나와 다음 세대를 잇는 발전의 힘이다. 그래서 사랑은 가장 위대한 감정이라 불리는지도 모르겠다.

요즘은 열심히 살지 않으면 결혼조차 어려운 시대다. 그래서 더욱 다짐하게 된다. 젊은 사람들에게 전하고 싶은 말도 있다. 포기하지 말고, 끝까지 배움을 놓지 말고, 끈기 있게 자신을 밀어붙이라고. 그리고 나 역시도, 그런 한 해를 살아내고 싶다. 방법은 단 하나뿐이다. 열심히 사는 것. 일하면서 내 재능을 찾고, 돈도 벌고, 사랑도 하고, 결국 결혼까지 이어지는 한 해가 되기를 바란다. 그것이 나의 새해 다짐이자 소망이다.

빚 없이
산다는 것의
가치

나는 최근 집을 샀다. 자랑하려는 건 아니다. 집값은 9,300만 원이고, 그중 1,500만 원의 융자가 남아 있다. 나는 올해 안에 그 빚을 모두 갚을 작정이다. 그게 가능한 이유는 단 하나, 나는 빚을 지는 걸 극도로 꺼리기 때문이다. 이 이야기가 누군가에게는 별것 아닐 수도 있겠지만, 내게는 삶의 철학 같은 것이다. 많은 사람이 쉽게 대출을 받고, 당연하게 부채를 안고 산다. 하지만 나는 그 무게가 삶을 얼마나 옥죌 수 있는지를 알고 있다.

요즘은 집을 사기가 정말 어렵다. 특히 서민들에게는 더 그렇다. 아파트는 계속 들어서는데, 정작 그 아파트를 살 수 있는 사람은 점점 줄어든다. 내 집은 아파트가 아니라 빌라다. 화려하거나 넓진 않지만, 내가 일한 돈으로 마련했고, 곧 완전히 내 것이 될 집이다. 이 빌라는 내게 단순한 주거 공간 이상의 의미를 갖는다. 그것은 내게 성취이자 독립이며, 내가 선택한 방식으로 살아가는 삶의 상징이다.

반면 도시에는 아파트가 넘쳐난다. 정부나 공기업은 은행에서 돈을 빌려 땅을 사고, 또 아파트를 짓는다. 수요는 정체되었고 공급은 멈추지 않는다. 그렇게 지어진 아파트는 팔리지 않고, 은행 빚은 갚지 못하고, 결국 지자체나 공기업이 부도 위기에 놓인다. 뭔가 잘못되어도 크게 잘못된 것이다. 누구를 탓하고 싶지 않지만, 이 구조 안에서 우리는 과연 무엇을 추구하고 있는 것일까?

지금 우리 사회는 '지금 당장 소유'에만 집착하는 듯하다. '미래에 언젠가 갚으면 되지' 하는 생각으로 쉽게 대출을 받고, 갚을 수 없는 채무에 짓눌린다. 집은 삶의 공간이지, 투자의 도구만은 아니다. 내가 꿈꾸는 집은 빚이 없는 집, 내가 내 발로 들어가 쉴 수 있는 집이다. 작지만 안정된 삶이 나에게는 더 크고 깊은 만족을 준다.

나는 올해 안에 내 집에 남은 빚을 모두 갚을 것이다. 그 후엔 진짜 나만의 삶을 시작할 수 있을 것이다. 서두르지 않고, 허세 없이, 조금씩 내 삶을 채워나가려 한다. 빚 없이 산다는 것은 단순히 숫자의 문제가 아니다. 그것은 마음의 여유와 삶의 균형에 대한 문제다. 많은 이들이 그 가치를 알았으면 한다.

국민이 살아야 나라가 산다

요즘 세상은 정말 만만치 않다. 집값은 천정부지로 오르고, 아파트는 넘치도록 지어지지만 정작 그 집을 살 수 있는 사람은 점점 줄어든다. 서민에게는 그저 전세라도 있으면 다행이라는 말이 현실이 되었다. 전세도 점점 사라지고 월세로 바뀌고 있으니, 돈을 모으는 일조차 버겁다. 나는 다행히 혼자 살아서 돈을 모을 수 있었지만, 결혼해서 자녀를 키우고 전세에 살고 있다면 그 삶이 얼마나 고단할지 상상조차 되지 않는다.

　　요즘 우리 사회의 구조는 '아무리 일해도 집을 가질 수 없는 나라'라는 표현이 어울릴 정도다. 물가는 계속 오르고, 젊은 사람들은 일자리를 찾기 어렵다. 결국 삶의 한 구석은 막히고, 빠져나갈 구멍조차 없는 기분이 들 때가 많다. 그렇다고 이 모든 걸 나라 탓만 할 수는 없다. 요즘 젊은이들은 힘든 직장을 피하고, 공부해서 편한 직장을 꿈꾸는 경향이 있다. 하지만 세상은 공부만으로 돌아가지 않는다. 기술이 필요하고, 끈기가 필요하며, 땀 흘려 배우는 삶의 자세가 더 절실하다.

　　나는 스물넷 즈음부터 정신을 차리고 열심히 일했다. 15년을 일하고 모아서야 겨우 마흔두 살에 집을 장만할 수 있었다. 그것만으로도 고맙고 다행인 일이다. 물론 내 삶에도 복잡하고 힘든 시절이 있었다. 결혼도 해보았고, 그 결혼이 순탄하지 않았던 시간도 겪었다. 언어도 통하지 않고, 소통도 잘되지 않았고, 결국 이혼에 이르렀지만, 그 시간조차도 후회하진 않는다. 사랑했던 마음이 있었고, 책임지려 노력했기에 미련은 없다.

지금은 혼자 산다. 외롭기도 하지만 마음은 자유롭고, 할 줄 아는 게 많아 다행이다. 일할 곳이 있고, 여름이면 형과 바다에 놀러 가기도 한다. 나름대로 재미있고, 의미 있는 삶을 살아가고 있다고 생각한다. 집도 장만했고, 건강도 지키고 있고, 크게 걱정 없이 지낸다. 물론 인생이란 언제나 변수가 있는 법이지만, 지금 이 순간만큼은 후회 없는 삶이다.

다만, 걱정이 되는 건 점점 더 서민이 살아가기 어려운 나라가 되어간다는 사실이다. 이 나라의 근간은 국민이고, 국민이 건강하고 안정적으로 살아야 나라가 제대로 설 수 있다. 나라가 국민을 위하지 않으면, 결국은 모두가 무너지고 만다. 나는 말하고 싶다. 국민이 살아야 나라가 바로 설 수 있다고. 그 말 하나가 요즘 같은 시대에 점점 더 절실하게 다가온다.

북한을 보며,
우리를 돌아본다

북한의 실상을 담은 동영상을 보면 누구나 끔찍하다고 느낄 것이다. 억압된 자유, 부족한 식량, 감시 속에 살아가는 그들의 모습은 우리에게 큰 충격과 함께 묘한 안도감을 준다. '그래도 나는 대한민국에 태어나 다행이다'라는 생각이 들 법도 하다. 하지만 그런 위안은 때로 우리 스스로를 속이는 일일지도 모른다. 북한과 비교해 지금 삶에 안주하려는 태도는, 오히려 우리가 당면한 현실을 외면하게 만든다.

    나는 내 삶에 큰 불만은 없다. 하루하루 열심히 살아가며, 어쩌면 남보다 더 안정적인 일상을 누리고 있는지도 모른다. 그러나 그럼에도 마음 한켠에는 늘 두려움이 자리 잡고 있다. '앞으로도 이렇게 살 수 있을까?'라는 질문이 가끔 머리를 스친다. 인생이란 한 치 앞도 알 수 없는 것이고, 사람은 누구나 넘어질 수 있는 연약한 존재이기 때문이다. 나라고 사기를 당하지 않는다는 보장은 없고, 오늘이 무사하다고 내일이 평온하리란 법도 없다.

    요즘 대한민국의 현실은 생각보다 훨씬 더 팍팍하다. 뉴스만 봐도 알 수 있다. 집값은 하늘을 찌르고, 빚은 점점 늘어나며, 일자리를 찾지 못한 사람들, 일해도 가난에서 벗어나지 못하는 사람들, 그 모두가 우리의 이웃이고, 또 언젠가는 우리의 모습이 될 수도 있다. 지금 당장 큰 불만이 없다고 해도, 그 불만 없는 삶이 영원할 것이라 장담할 수는 없다.

    그렇기 때문에 북한의 참상을 보며 지금 우리의 삶에 안주하거나 스스로를 위로하는 것은 어쩌면 현실 도

피일 수 있다. 우리는 그들을 통해 감사함을 느낄 수는 있어도, 그것이 우리 문제의 해결이 될 수는 없다. 오히려 지금 이 자리에서 우리가 겪고 있는 문제를 더 깊이 들여다보고, 해결책을 찾아 나가야 한다.

삶은 어렵고 예측할 수 없지만, 그럼에도 우리가 할 수 있는 일은 있다. 학생이라면 열심히 공부하고, 사회인이라면 정직하게, 성실하게 일하는 것. 당장은 눈에 띄지 않아도, 그 꾸준함이야말로 불안한 현실을 이겨내는 유일한 길이다. 북한을 보며 위로받기보다, 우리 삶을 더 나은 방향으로 바꾸기 위한 노력을 다짐해야 할 때다. 지금 우리가 해야 할 일은, 그저 비교로 위안을 삼는 것이 아니라, 바로 우리가 살고 있는 이 땅에서 더 나은 삶을 만들어 나가는 것이다.

적당한 일과
적당한 휴식,
그게 내 삶이다

설이 지나고, 이제 다시 일에 집중할 시간이다. 나는 교복 와이셔츠를 만드는 일을 한다. 보통 이맘때면 한창 바쁠 시기인데, 올해는 예년보다 한결 여유롭다. 원래 같으면 아홉 시, 열 시까지 잔업을 해야 할 시기지만, 요즘은 제시간에 일이 끝나서 좋다. 물론 회사가 바빠야 돈도 더 벌겠지만, 돈보다 더 좋은 건 바로 마음의 여유다. 일이 끝나고 나서도 하루가 남아 있다는 느낌, 그게 주는 만족감이 꽤 크다.

과거에는 다르다. 일을 처음 시작했을 때는, 일월이 되면 잔업이 본격적으로 시작되어 주말도 없이 세 달을 일한 적이 있다. 그때는 정말 죽을 만큼 힘들었고, 몸과 마음이 모두 지쳤다. 지금처럼 제시간에 퇴근하고, 여름이면 한 달 정도 쉴 수 있다는 건 과거의 나에겐 상상조차 할 수 없는 일이었다.

지금 나는 적당한 일과 적당한 휴식 속에서 살고 있다. 누구나 말하는 '워라벨'이라는 것을 체감하는 요즘이다. 수입이 조금 줄어도, 삶의 균형이 잡히니 오히려 마음이 더 편안하고 행복하다. 내가 하는 일을 사랑하고, 내 속도에 맞게 살아가니 마음이 편하다. 책임질 사람이 없고, 혼자 살기에 외로움은 있지만 내가 나 하나만 챙기면 된다는 단순한 구조는 편안함을 준다.

사람들은 혼자 사는 삶을 외롭다고 생각하기도 하고, 불쌍하다고 말하기도 한다. 하지만 나는 그렇게 생각하지 않는다. 오히려 자유롭고, 내 뜻대로 살아갈 수 있는 삶이란 얼마나 귀한가. 책임이 없다는 건 부담이 없다는 뜻이고, 그만큼 마음이 가볍다. 물론 누군가와 함께 삶을 나눈다면 또 다른 행복이 있겠지만, 지금의 나는 지금의 삶에 만족한다.

인생은 결국 마음먹기 나름이다. 똑같은 상황도 어떤 마음으로 받아들이느냐에 따라 불행이 될 수도 있고, 만족이 될 수도 있다. 가진 것이 많지 않아도, 현재의 나를 긍정하는 마음만으로도 충분히 행복할 수 있다. 집도 있고, 월급도 꼬박꼬박 나오고, 나만의 리듬에 따라 살아갈 수 있다면 그 자체로 충분하지 않은가.

욕심을 부리면 끝이 없다. 더 많이, 더 높게를 바라는 마음은 늘 허전함을 남긴다. 나에게 지금 필요한 것은 내가 가진 것에 감사하고, 내가 하는 일을 소중히 여기는 마음이다. 때로는 욕심이 없어서 걱정일 때도 있지만, 그 덕분에 이렇게 마음 편히 살 수 있다는 생각도 든다.

내 삶이 앞으로 어떻게 흘러갈지는 아무도 모른다. 지금보다 더 행복해질 수도 있고, 예상치 못한 어려움을 겪을 수도 있다. 하지만 지금 이 순간, 이렇게 하루하루를 무탈하게 살아가고 있다는 것. 그것이 바로 내가 느끼는 소소한 행복이다. 욕심을 내려놓고, 마음을 편히 하며, 내 삶의 속도대로 살아가는 것. 그게 지금 내 인생의 방식이다.

헛됨 속에서 찾는 희망

인간은 무엇을 위해 살아가는가. 이 물음은 오래전부터 수많은 철학자들과 종교인들, 평범한 삶을 살아가는 우리 모두에게 끝없이 따라다니는 질문이다. 인생을 한마디로 표현하자면, "헛되고 헛되며 헛되니 모든 것이 헛되도다"라는 전도서의 문장이 어쩌면 가장 정확한 대답일지도 모르겠다. 즐겁고 기쁘고 충만한 순간에는 우리는 결코 그것이 헛되다고 느끼지 않는다. 하지만 시간이 흐르고 몸이 늙고 병들어가는 것을 마주할 때, 비로소 우리는 삶의 끝을 인식하고 '헛됨'을 깨닫는다.

젊고 건강할 때는 미래를 꿈꾸고, 관계를 맺으며, 무언가를 이루기 위해 쉼 없이 달린다. 하지만 인간은 결국 죽음 앞에서 평등하다. 아무리 위대한 사람이라 해도, 성인이라 해도 죽음의 고통을 피할 수 없다. 그래서 인간은 죽음 이후의 세계를 상상한다. 천국이라는 이름의 희망을 떠올리며 그 허무를 이겨내려 한다.

천국은 과연 존재할까. 누구도 그것을 확신할 수 없다. 그러나 인간에게는 그것이 '있다'고 믿고 싶어 하는 본능 같은 희망이 있다. 천국이 없다면, 인간은 결국 죽음을 향해 달려가는 허무한 존재에 지나지 않기 때문이다. 허무를 이겨내기 위해 인간은 과학으로 죽음 이후를 밝혀보려 애썼고, 지금도 그 시도는 계속되고 있다. 하지만 여전히 우리는 아무것도 알지 못한다. 죽음 이후의 세계는 침묵으로만 가득하다.

그렇기에, 삶이란 '모르면서도 믿는' 과정인지도 모른다. 눈에 보이지 않는 것을 믿으며, 오늘 하루를 살아가는 일. 어쩌면 그 자체가 인간다운 일이며, 허무를 넘어서는 유일한 방식일 것이다. 헛됨을 안다고 해서 절망에 머물 필요는 없다. 오히려 그 헛됨을 자각하기에, 우리는 더 간절히 의미를 찾고, 더 깊이 사랑하고, 더 감사히 살아갈 수 있다. 그리고 언젠가, 그 모든 물음이 멈추는 날이 오더라도, 우리가 믿어왔던 천국이 있었기를 바라며, 우리는 오늘을 살아간다.

인간의
잔인함과
우리가
마주한 현실

요즘 세상을 바라보고 있자면, 인간이란 존재가 얼마나 복잡하고도 잔인할 수 있는지를 실감하게 된다. 과거엔 일본이라는 나라가 위협처럼 느껴졌다면, 이제는 중국이라는 존재가 더 가깝고도 무섭게 다가온다. 특히 인터넷과 미디어를 통해 접하는 일부 극단적인 영상은 우리가 믿고 싶지 않은 현실의 단면을 그대로 보여주기도 한다. 때때로 나는 그런 장면들을 보며, 정말 이 시대의 인간이 맞는가, 우리가 같은 종족이 맞는가 하는 회의감마저 든다.

인간은 본질적으로 같은 존재다. 눈, 코, 입, 모두 똑같이 달려 있고, 육체적으로 특별한 차이가 없음에도 불구하고, 태어난 환경과 가진 자산, 권력의 유무에 따라 삶은 완전히 달라진다. 같은 인간이지만 다른 대우를 받고, 같은 죄를 지어도 결과가 다른 것은 불공평하고도 서글픈 일이다. 하나님은 모든 인간을 똑같이 만드셨지만, 현실은 그렇지 않다. 가난한 사람은 법 앞에서 약자이며, 돈과 권력을 가진 사람은 법조차 피해갈 수 있다는 사실이 반복되어 증명된다.

인간의 잔혹함은 이제 생존을 위한 본능을 넘어서 탐욕과 쾌락에 기반한 형태로까지 발전했다. 굶주림에서 벗어나기 위해 했던 과거의 선택이 아니라, 탐욕과 쾌락, 지배의 욕망으로 인해 자행되는 잔혹한 일들. 장기 밀매, 인권 유린, 인명을 도구처럼 다루는 일들은 이제 전설이 아닌 현실이다. 법의 테두리 밖에서 벌어지는 이 모든 일들이 점점 더 치밀해지고 은밀해진다는 것이 더 무섭다. 아무 흔적도 없이 사라지는 사람들, 그리고 그 배후를 감추는 거대한 조직과 권력들. 이런 현실을 우리는 직시해야 한다.

그래서 더더욱 필요한 것은 '정의'다. 그리고 그 정의는 단지 감정적인 분노가 아니라, 차갑고 명확한 실행력에서 나와야 한다. 죄를 덮는 권력이 아닌, 죄를 드러내고 책임을 묻는 구조가 필요하다. 대통령, 국회의원, 경찰 등 이 사회를 지탱하는 이들은 부디 그 책임을 피하지 않기를 바란다. 권력자가 정의를 지킬 때, 시민도 신뢰할 수 있고 사회는 조금씩 나아질 수 있다.

나는 종교적인 신념도 함께 가진 사람으로서, 때때로 묻게 된다. 하나님은 지금 어디에 계신가. 과거의 기적은 역사로 남아 있지만, 현재의 끔찍한 일들 앞에서 하나님의 존재는 더더욱 간절히 묻게 되는 대상이 된다. 하지만 아마도 신은 인간에게 자유의지를 주었고, 우리는 그 자유를 스스로 어떻게 사용하느냐에 따라 이 세상의 모습이 달라지는 것인지도 모른다. 죄를 발전시키는 것은 인간이고, 그 죄를 멈추는 것도 인간의 선택이라는 사실이 더 무겁게 다가온다.

우리의 세상은 놀랍다. 과학이 발전하고 문명이 정교해질수록 인간의 도덕과 양심도 함께 진화해야 하는데, 현실은 그렇지 못하다. 그래서 더더욱 지금 우리가 해야 할 일은, 이 현실을 외면하지 않고, 진실을 마주보며, 정의를 위해 목소리를 내는 것이다. 신을 믿든 믿지 않든 그렇다. 지금 이 세상은 사람이 만든 것이고, 앞으로 바꿔나갈 수 있는 것도 결국 사람뿐이다. 죄가 확산되는 세상에서 우리가 할 수 있는 가장 강력한 행동은, 그 죄에 물들지 않고 사람답게 사는 것일지도 모른다.

우리가
지켜야 할 삶과
이 땅의 의미

우리는 어떻게 살아야 할까. 이 단순한 질문이지만, 살아가며 끊임없이 되묻게 되는 말이다. 하루하루를 살아가는 일이 단순히 생존의 연속이 아니라면, 우리는 어떤 삶의 자세를 가져야 할까. 특히 이 땅, 대한민국에서 산다는 것은 어떤 의미를 지니는 걸까.

한반도라는 같은 땅 위에 있지만, 그 위에 존재하는 두 나라는 너무나 다른 현실을 살아간다. 같은 민족,

같은 언어, 같은 뿌리를 지녔지만, 남한과 북한은 현실적으로 너무나도 다른 세상이다. 때로는 천국과 지옥, 혹은 연옥의 경계를 함께 품은 땅처럼 느껴진다. 우리는 자유 속에서 살아가고 있지만, 북한에 태어난 이들은 태어났다는 이유만으로도 자유를 누리지 못하고 있다. 이런 현실은 그 자체로 마음을 무겁게 만든다.

북한의 실상을 알게 될수록, 우리가 이 땅에서 누리는 자유가 얼마나 값지고 소중한 것인지 새삼 깨닫게 된다. 그러나 동시에 그것이 죄가 되어서는 안 된다는 생각도 든다. 태어난 곳이 다르다는 이유로 어떤 이는 평생을 억압 속에 살고, 어떤 이는 선택의 자유 속에서 살아가는 현실. 그것은 우리 모두가 함께 생각하고 마주해야 할 문제다.

이 모든 역사의 이면에는 세계 정세와 강대국들의 이해관계가 얽혀 있다. 한국이라는 나라가 존재하는 데 있어 미국의 영향은 분명 크다. 전쟁의 폐허 속에서 우리나라를 도운 것도 미국이었고, 지금까지의 안보를 지탱해온 것도 미국이다. 그래서 우리는 미국에 감사할 수

밖에 없다. 하지만 동시에, 분단이라는 현실의 씨앗 또한 그들의 전략 속에서 비롯된 것이라 생각하면, 고마움과 복잡한 감정이 교차할 수밖에 없다.

역사는 언제나 단순하지 않다. 누구의 손을 들어주는 것도, 누가 옳고 그른지를 쉽게 가릴 수도 없다. 하지만 지금 우리가 살아가는 이 현실 속에서, 분명히 해야 할 한 가지는 있다. 바로 우리가 가진 자유와 삶을 소중히 여기고, 그것을 지키기 위해 노력하는 것이다. 나만을 위한 삶이 아니라, 이웃과 나라를 함께 돌아보는 삶. 그것이 진정 우리가 이 땅에서 살아야 할 이유가 아닐까.

이 세상은 분명 무섭고, 때로는 냉정하다. 그러나 그 안에서도 우리가 지킬 수 있는 것들이 있다. 감사할 줄 알고, 돌아볼 줄 알고, 함께 나아갈 길을 찾는 것. 그 작은 마음들이 모여 더 나은 세상을 만들어 나갈 수 있을 것이다. 우리가 살아가는 지금 이 순간이, 단지 흘러가는 시간이 아니라 의미 있는 삶의 발자국이 되기를 바란다.

침묵이 만든 무관심, 그리고 용기의 필요

살다 보면 세상이 잘못된 방향으로 가고 있다는 생각을 하게 된다. 누구나 세상에 대해 비판할 이유 하나쯤은 가지고 산다. 나 역시 글을 쓰며 수없이 세상을 비판했다. 그러나 시간이 지나며 깨닫게 된 것이 있다. 이 세상에 거저 이루어지는 일은 단 하나도 없다는 것, 그리고 비판 이전에 자신을 단련하고 더 인간적인 사람이 되는 것이 우선이라는 점이다.

나는 평범하게 살아왔다. 일을 하는 시간 외에는 다른 어떤 일에도 크게 관심을 두지 않았고, 사람들과의 다툼도 피하며 살아왔다. 다툼을 피한 이유는 용기가 없었기 때문이기도 했고, 솔직히 남들이 어떻게 사는지에 대해 관심이 없었기 때문이기도 하다. 겉보기엔 평온했지만, 돌이켜보면 그것은 회피에 가까운 비겁함이었다. 누군가의 잘못을 알아도 모른 척하고, 얽히기 싫다는 이유로 외면했던 순간들. 그 무심함 속에 스스로의 책임마저 내려놓은 것이 아닐까.

세상은 다양한 성격을 가진 사람들로 구성되어 있다. 어떤 사람은 잘못을 보면 참지 못하고 따지며 고치려 한다. 반면 어떤 사람은 문제를 보아도 침묵한다. 나는 후자였다. '나만 잘하면 된다'는 생각으로 살아왔지만, 세상은 그런 생각만으로 굴러가지 않는다. 사람은 서로의 거울이다. 잘못을 보고도 말하지 않으면, 결국 그 잘못은 사회 전체의 병이 되어 돌아온다.

가끔 그런 상상을 한다. 모든 사람이 나처럼 행동한다면 세상은 어떻게 될까? 누군가가 교통사고로 쓰러져 있어도, '다른 사람이 신고하겠지' 하고 그냥 지나친다면? 누군가가 부당한 대우를 받는데도, '나는 관계되기 싫어' 하고 외면한다면? 그런 세상은 결코 정의롭지도, 안전하지도 않을 것이다.

정의는 불편함을 감수하고서라도 잘못을 바로잡는 용기에서 비롯된다. 누군가를 지적하고, 스스로도 그에 대해 책임을 지는 것. 그것이야말로 사회를 건강하게 유지시키는 힘이다. 불편하더라도, 시간이 걸리더라도, 때로는 오해받을 위험이 있더라도, 우리는 잘못된 것에 눈감아선 안 된다.

이제는 안다. 무관심은 죄일 수 있다. 침묵은 방조가 될 수 있다. 정의는 말보다 실천이고, 실천은 용기를 필요로 한다. 나처럼 조용히 살아가는 사람도, 때로는 세상의 질서를 위해 목소리를 내야 한다. 그것이 이 사회의 구성원으로서 우리가 짊어져야 할 최소한의 몫이다. 비록 작은 시작이라도, 그 한 걸음이 더 나은 세상을 만든다.

공부만으로는 삶이 채워지지 않는다

세계는 지금도 곳곳에서 전쟁이 이어지고 있다. 그 속에서 수많은 어린이들이 희생되고 있다. 멕시코의 아이들은 미국에 가기 위해 위험천만한 기차에 몸을 싣고, 전쟁 중인 중동에서는 평화를 갈망하는 시민들이 시위로 저항한다. 이렇게 세계의 다양한 나라에서 사람들이 고통받는 모습을 보면, 현재 우리가 살고 있는 한국은 비교적 안정적이고, 살기 좋은 나라라는 생각이 든다.

하지만 한국 사회 역시 결코 마냥 평탄한 것은 아니다. 특히 청년 세대가 직면한 문제는 심각하다. 많은 젊은이들이 단지 '편하게 돈을 벌고 싶다'는 생각으로만 미래를 설계한다. 안정된 직장, 공무원, 대기업만이 '성공한 삶'의 기준이 된 시대다. 이로 인해 중소기업에서는 젊은 인력을 찾기 어렵고, 대학 졸업장만 가진 채 현실에 맞서 싸울 준비가 되어 있지 않은 청년들이 늘고 있다.

한국은 세계에서도 손꼽히게 많은 비율의 젊은이가 대학에 진학하는 나라다. 하지만 그만큼 대학이 갖는 무게는 가벼워졌고, 실력보다는 돈만 있으면 갈 수 있는 대학도 많아졌다. 지방의 많은 대학들은 신입생 부족으로 폐교 위기에 처해 있다. 이 상황에서, 정말 필요한 것은 모두를 대학에 보내는 것이 아니라, 각자의 적성과 능력에 맞는 진로를 설계할 수 있는 사회적 시스템이다.

나는 공부를 잘하는 학생은 아니었다. 그래서 더욱 일찍 사회에 나와야 했고, 큰돈을 벌고 싶다는 단순한 열망으로 여러 직장을 전전했다. 때론 삶이 버겁고 고통스러워 죽음을 떠올릴 정도로 좌절도 했지만, 결국 내 손에 쥔 기술과 성실한 태도, 그리고 꾸준한 반복은 나에게 희망이 되었다. 큰돈은 아니어도, 기술이 늘어가는 성취감이 나를 살아가게 했다. 하루하루 내가 할 수 있는 일이 많아질수록 행복도 함께 늘어갔다.

공부는 분명 중요하다. 하지만 그것이 인생의 전부는 아니다. 기술은 직접 손으로 만들고, 눈으로 결과를 확인할 수 있다. 기술은 배운 만큼 몸에 익고, 삶에 도움이 된다. 공부가 길이 될 수 없는 사람에게, 기술은 또 하나의 확실한 길이 되어준다. 특히나 한국처럼 중소기업과 제조업 기반이 중요한 나라에서, 기술자는 사회를 지탱하는 핵심 인력이다.

지금 우리는 청년들이 기술을 배우고 현장에서 성장할 수 있도록 도와야 한다. 대학만이 능사가 아니라는 것을, 손으로 만드는 일도 존중받아야 한다는 것을 사회 전체가 인식해야 한다. 공장에서 땀 흘리며 일하는 사람들, 작은 기계를 다루는 사람들, 모두가 이 나라를 움직이는 주역이다.

내가 깨달은 인생의 진실은 간단하다. 열심히 일하

며 기술을 익히고, 그 안에서 보람을 찾는 삶. 그것이 진짜 성공이다. 돈이 많아서 행복한 것이 아니라, 할 수 있는 일이 늘어가며 살아가는 사람이 행복하다. 젊은이들이 공부가 맞지 않는다면, 좌절하지 말고 다른 길을 찾으면 된다. 기술이라는 길은, 여전히 굳건히 열려 있다.

기술이
만드는 삶의
보람

기술을 배우면 돈이 생긴다. 이 말은 단순하지만, 내 삶에서 실감했던 진실이다. 화려하지 않아도, 누구보다 땀 흘려 일하며 기술을 익히다 보면, 어느새 손에 잡히는 보람이 따라온다. 요즘 젊은 세대는 너무나 많은 부담 속에 살아가고 있다. 좋은 대학, 좋은 직장, 안정된 삶을 위해 끊임없이 경쟁하고 공부한다. 하지만 그 길이 모두에게 맞는 길은 아니다. 공부로 길이 막혔다면, 기술이 또 다른 문이 되어줄 수 있다.

　기술을 익힌다고 해서 단번에 큰돈을 벌 수 있는 건 아니다. 하지만 정직하게 기술을 배우고, 꾸준히 일하다 보면, 삶을 살아가는 데 필요한 만큼은 반드시 손에 들어온다. 그리고 무엇보다 중요한 건, 그 과정에서 느끼는 자존감과 성취감이다. 하루를 온전히 일하며 느끼는 피로는 단순한 고단함이 아니라, 내가 직접 무언가를 이뤄냈다는 뿌듯함이다.

　청년들에게 말하고 싶다. 공부가 안 되었다고 좌절하지 마세요. 아직 길은 많고, 기술은 그중 하나입니다. 손에 기술이 있으면, 언젠가는 그 손으로 스스로의 길을 만들 수 있습니다. 지금의 작은 선택이, 미래의 큰 안정으로 이어질 수 있습니다. 삶이란 결국 '어떻게 버티느냐'보다는 '어떻게 일어서느냐'가 중요한 법이니까요.

　우리 기업이 살아야 우리나라가 삽니다. 그리고 그 기업은 결국 여러분이 살아야 유지됩니다. 기술을 익힌다는 것은 단순한 생계 수단이 아니라, 나와 사회를 함께 지탱하는 일입니다. 그러니 지금 이 순간에도 열심히 살아가고 있는 여러분, 너무 조급해하지 말고, 묵묵히 자신의 길을 걸어가세요. 언젠가 그 길이 삶을 든든히 지켜줄 겁니다. 열심히 삽시다. 그 안에 행복이 있습니다.

봄이 오듯,
삶도 언젠가는
피어난다

세월이 흐르고 어느새 봄이 왔다. 추운 겨울을 지나 새싹이 돋고 꽃이 피듯, 우리 삶도 그렇게 흘러간다. 나도 그 속에서 살아간다. 열심히 일하고, 열심히 배우며, 하루하루를 살아낸다. 누구나 그렇듯 나 역시 '이만큼 살았으면 무언가는 주어져야 하지 않을까' 하는 생각을 할 때가 있다. 어떤 사람은 그 세월 속에서 보람과 행복을 찾지만, 어떤 이는 정작 자신이 왜 사는지도 모른 채 하루를 흘려

보낸다.

나는 아직 그 '무엇'에 도달하지 못했다. 목표는 있지만, 갈 길은 멀다. 목표를 이루려면 돈도 필요하고, 시간도 필요하고, 아직은 때가 아닌 것 같다. 그래서 지금은 그냥 묵묵히 배우고 일한다. 미래의 나를 위해, 자유로운 나를 위해, 준비하는 시간이라 생각하며 버틴다. 삶이 어떻게 펼쳐질지는 알 수 없지만, 목표가 있다는 것 자체만으로 나는 다행이라 여긴다. 꿈이 없으면 버틸 이유도, 앞으로 나아갈 동력도 생기지 않는다. 목표는 삶의 나침반이다. 어디로 가야 할지 모를 때, 목표는 방향을 가리켜준다.

나는 몇 살쯤에 자유로워질 수 있을까? 그날을 기다리며, 지금은 다듬고 모으고 견뎌야 할 시간이다. 어떤 일이든, 그것을 이루기 위해서는 준비가 필요하다. 기술을 익히고, 돈을 모으고, 마음을 다지는 과정이 필요하다. 부족하더라도, 지금은 꿈에 가까워지는 길 위에 있는 것이다.

오늘따라 글쓰기가 쉽지 않다. 왜 그런가 곰곰이 생

각해보니, 글에도 목적이 있어야 한다는 것을 깨닫는다. 막연히 써 내려가는 문장은 마음을 움직이기 어렵다. 글도 삶도, 목적과 방향이 있어야 비로소 의미를 갖는다. 지금 글이 힘든 건, 아마 내 마음도 아직 방향을 잡지 못했기 때문일 것이다. 그래도 이렇게라도 한 줄, 두 줄 적어내려가다 보면, 언젠가 다시 나아갈 길이 보일지도 모르겠다.

겨울이 지나면 봄이 오듯, 삶도 그렇게 다시 피어날 것이라 믿는다. 아직은 부족하지만, 아직은 준비 중이지만, 언젠가 꼭 나의 봄도 오리라. 그리고 그 봄이 오면, 나는 지금보다 조금 더 단단한 사람이 되어 있을 것이다.

우리가 부르던 노래를
다시 부를 수 있다면

노래는 마음의 언어다. 말로 다 전할 수 없는 감정과 기억, 그리고 그리움을 담아내는 그릇이다. 나는 노래를 잘 부르지 못하지만, 늘 노래를 부르고 싶었다. 노래를 통해 내 마음을 전하고 싶었고, 때로는 노래 속에서 스스로를 위로하고 싶었다. 그래서 감히 작사도 해보고, 작곡이라는 것도 흉내 내 보았다. 악보를 잘 모른 채로, 코드 하나하나를 찾아가며 한 음절씩 써 내려간 그 시간이 내게는 참 소중했다.

"우리가 부르는 노래를 다시 한 번 부를 수 있다면"이라는 구절은 단순한 바람이 아니다. 그것은 내가 얼마나 노래를 사랑하는지를 말해주는 고백이다. 비록 노래 실력이 부족해도, 내가 만든 그 노래를 누군가 아름답게 불러준다면 얼마나 기쁠까 상상해본다. 현실은 녹록지 않다. 많은 사람들이 작사하고 작곡하지만, 빛을 보지 못한 채 잊히는 노래들이 얼마나 많은가. 아마 내 노래도 그중 하나일 것이다. 하지만 그럼에도 내 노래가 있다는 사실은 분명한 위안이다.

세상이 변해도 우리는 여전히 노래를 부를 수 있다. 세상의 소음과 속도에 밀려 사라지더라도, 내 안에 숨겨둔 그리움과 사랑을 담은 노래는 여전히 존재한다. 비록 누군가가 들어주지 않더라도, 그것이 내 마음의 일부였다는 사실만으로도 의미가 있다.

노래는 잘 불러야만 의미 있는 것이 아니다. 마음을 담아 부르면 그것이 바로 진짜 노래다. 그래서 나는 내 노래를 사랑한다. 부족한 실력일지라도, 그것이 내 마음에서 나온 진심이기 때문이다. 언젠가 누군가가 내 노래를 불러줄지도 모른다. 그날이 오지 않더라도, 나는 오늘도 조용히, 나만의 방식으로 이 노래를 부른다.

그 노래는, 나의 마음이자 나의 삶이다.

사랑,
기대와 현실
사이에서

사랑에 대해 이야기할 때 우리는 종종 추상적인 단어를 쓴다. 마음, 설렘, 희생, 운명 같은 단어들. 그러나 살아가다 보면 사랑은 생각보다 훨씬 더 구체적이고, 때로는 현실적이며 계산적인 면을 갖고 있다는 것을 알게 된다. 오랜만에 글을 쓰며, 사랑이라는 주제를 다시 떠올리게 된다. 그만큼 어렵고, 그만큼 마음을 붙잡는 주제이기 때문이다.

사랑에는 반드시 희생이 뒤따른다. 그리고 그 희생은 종종 '시간'과 '노력'이라는 이름으로, 현실에서는 '돈'이라는 실체로 나타난다. 돈이 사랑의 조건은 아니지만, 사랑이 지속되기 위해 필요한 도구 중 하나임은 분명하다. 누군가에게 마음을 쓰기 위해서는 그 사람을 위해 시간을 쓰고, 마음을 쓰고, 때로는 경제적 여유를 써야 한다. 사랑이란 결국 내가 가진 것 중 일부를 기꺼이 나누는 마음이다.

많은 이들이 사랑 앞에서 현실을 마주한다. 남자들은 "내가 감당할 수 있는 책임인가"를 고민하고, 여자들은 "이 사람과의 삶이 안전한가"를 헤아린다. 이는 누구의 잘못도 아니다. 오히려 그만큼 삶이 녹록지 않다는 방증이다. 남자에게는 '경제력'이, 여자에게는 '현실 판단력'이 강조되는 사회적 분위기 속에서, 사랑은 어느 순간 이상보다 생존에 가까워지고 있다.

그래도 사랑은 여전히 '사람'의 이야기다. 단지 외모나 조건만으로 사람을 판단할 수 없는 것처럼, 사랑 역시 표면적인 조건만으로 가치를 매길 수 없다. 마음을 주고받는 일에는 용기가 필요하고, 서로의 부족함을 채워 줄 수 있는 배려가 필요하다. 그래서 때로는 돈보다 중요한 것이 이해이고, 조건보다 깊은 것이 신뢰다.

누군가는 결혼을 못 하고, 누군가는 결혼을 원하지 않는다. 누군가는 사랑에 아파하고, 누군가는 사랑을 쉽게 말한다. 세상엔 수많은 사랑의 모습이 존재한다. 중요한 건 내가 어떤 사랑을 꿈꾸는가, 그리고 그 사랑을 위해 나는 어떤 사람이 되고 있는가이다. 사랑은 나를 비추는 거울이고, 상대를 향한 다짐이기도 하다.

사랑은 쉬운 일도, 단순한 감정도 아니다. 하지만 그럼에도 우리는 여전히 사랑을 갈망한다. 어쩌면 그것이 인간이라는 존재의 가장 솔직한 모습 아닐까. 현실 앞에서 상처받더라도, 마음이 무거워질지라도, 우리는 다시 사랑을 향해 나아간다. 누군가를 만나, 함께 걸어갈 수 있다는 희망 하나만으로.

사랑은
꿈이 아니라
삶이다

사랑에 대해 우리는 종종 아름답고 로맨틱한 장면들을 떠올린다. 첫눈에 반하고, 운명처럼 만나는 사람과 평생을 함께하는 이야기들. 하지만 살아보면 알게 된다. 사랑은 그렇게 몽환적이지도, 영화 같지도 않다. 사랑은 삶이고, 삶은 곧 현실 그 자체다.

    우리가 사랑에 기대를 갖는 이유는 단순하다. 사랑이 주는 설렘, 위로, 안정감 때문이다. 하지만 그 기대가 현실과 만나는 순간, 사랑은 '조건'이라는 옷을 입게 된다. 남자는 대개 자신보다 어린 여자를, 여자는 자신보다 나이 많은 남자를 찾는다. 이는 단지 취향이나 우연의 문제가 아니다. 서로가 기대하는 삶의 조건들이 그렇게 맞춰져 있기 때문이다. 여자는 자신과 미래를 책임져 줄 수 있는 남자를 원하고, 남자는 자신이 보호하고 이끌 수 있는 사람에게 마음이 간다. 누군가의 삶을 함께 나눈다는 건 단순한 감정의 문제를 넘어서기 때문이다.

첫사랑이 잘 이루어지지 않는 것도 이 때문이다. 어린 시절의 사랑은 조건이 없다. 감정이 전부다. 하지만 시간이 흐르고, 세상을 배우고, 각자의 인생이 구체화될수록 사랑은 감정만으로는 충분하지 않게 된다. 직업, 수입, 성격, 가치관 같은 요소들이 사랑의 지속 가능성을 결정짓는 조건이 된다. 사랑은 신비로운 것이 아니라 현실이고, 그래서 때로는 그 현실이 사랑보다 더 앞선다.

나도 한때는 멋지고 찬란한 삶을 꿈꿨다. 젊을 적에는 인생이 멋질 줄 알았다. 하지만 살아보니 삶은 예쁘기만 한 것이 아니었다. 고되고, 외롭고, 생각보다 더 많이 참아야 하고 더 많이 내려놓아야 했다. 사랑 역시 노력 없이는 이루어지지 않는다. 타이밍, 상황, 조건, 서로의 마음이 모두 맞아야 비로소 실현 가능한 일이다.

그래서 나는 말하고 싶다. 잡을 수 있을 때 잡아라. 멋지고 완벽한 사람을 기다리다가는, 인생은 눈앞에서 흘러가 버린다. 늙고 나면 사랑의 본질이 무엇이었는지 비로소 보인다. 그때 깨달아봤자 되돌릴 수 없고, 그저 허무함만 남는다.

혼자 사는 것이 편할 수 있다. 누구에게도 책임지지 않아도 되니까. 하지만 결국 사람은 함께 살아야 행복하다. 사랑하는 사람과 함께 나누는 삶, 그리고 그 사이에서 태어난 자식이 주는 기쁨은 고생스러워도 결국엔 따뜻한 보람으로 돌아온다. 결혼, 그거 해서 뭐하냐고 말하는 이들에게 나는 말하고 싶다. 늙어봐라. 그 말의 의미를 알게 될 것이다.

사랑은 결국 삶이다. 삶이 녹아들지 않은 사랑은 오래가지 못한다. 꿈같은 사랑은 드물다. 현실 속의 사랑, 때로는 부족하고 때로는 지치는 그런 사랑이야말로 진짜 사랑이다. 그리고 그것이야말로 우리 인생을 더 깊이 있게 만드는 힘이다.

참 요지경인 세상,
그래도
함께 살아야 한다

요즘 세상은 참 요지경이다. 예전과는 다른 방향으로 변화하고 있다. 여자들이 더 당차고, 더 높은 지위에 오르는 반면 남자들은 점점 위축되고, 때로는 여성스럽게 변해간다는 느낌도 든다. 돈 잘 버는 여성들도 많아졌고, 남자들은 오히려 결혼조차 쉽지 않은 세상이 되어버렸다. 과거에는 남자가 힘든 일을 도맡아 해도, 사랑하는 사람과 가정을 이루며 그것을 감내해내는 힘이 있었다.

하지만 지금은 상황이 다르다.

물가는 치솟고, 필요한 물건은 넘쳐난다. 핸드폰, 자동차, 컴퓨터, 텔레비전, 가구들까지. 이제는 사치품이 아니라 기본 생활의 구성요소가 되어버렸다. 이런 물건들을 갖추고 유지하는 데에만도 월 수입 대부분이 들어간다. 월 200만 원을 번다고 가정하면 그 돈으로 한 가족을 책임지기가 어렵다. 그런데 문제는, 이런 수준의 월급조차 받기 어려운 이들이 많다는 사실이다.

세상은 발전하는데, 돈을 많이 벌 수 없는 사람들은 그 발전에 발맞춰 살아가기가 어렵다. 필요한 것은 많아지는데 수입은 제자리걸음이니, 결국 빚에 의존하게 되고, 그러다 은행 이자조차 감당하지 못하는 상황에 놓이게 된다. 남자들은 결혼을 하고 싶어도 돈이 없어 못 하고, 여자들은 능력을 따지다 보니 '괜찮은 사람'을 만나기가 어려워 결혼을 미루거나 포기해버린다. 사랑보다 조건을 우선시하다 보니 결혼 자체가 사라지는 분위기다.

예전엔 사랑하면 결혼했고, 함께 살아가며 고생도 나눴다. 부족함 속에서 서로를 의지하며 인생을 일구었다. 하지만 지금은 미리 겁먹고 시작조차 하지 않는 경우가 많다. 결혼하지 않으니 아이도 낳지 않고, 그러다 보니 사회는 점점 늙어가고, 젊은 인구는 줄어든다. 좋은 대학을 나와도 취직이 어렵고, 기술을 배우는 사람도 부족하다. 모두가 좋은 일자리만 찾다 보니 사회 전반이 기형적으로 흐른다.

이런 현실은 분명 쉽지 않다. 하지만 그렇다고 손 놓고 한탄만 할 수는 없다. 서로를 조금 더 이해하고, 현실을 함께 감내하려는 노력이 필요하다. 사랑이 꼭 조건만 따져야 하는 것이 아니라, 함께 살아가는 용기에서 시작될 수 있다면, 우리는 다시 조금은 덜 요지경인 세상을 만들 수 있을지도 모른다. 사람은 혼자 살아가는 존재가 아니다. 함께 견디고, 함께 일어서야만, 진짜 의미 있는 삶이 가능하다.

사랑도, 인생도 결국은 '열심히'에서 시작된다

걸음이 느린 아이를 재촉한다고 더 빨리 걷게 되지 않듯, 사랑도 다그친다고 이뤄지는 게 아니다. 오히려 천천히 기다려주는 마음, 그 시간이 쌓여야 비로소 사랑이 온다. 하지만 삶 속에서 그런 사랑을 마주하기란 쉽지 않다. 사랑은 늘 준비되지 않은 시점에 불쑥 찾아온다. 마음도 준비되지 않았고, 무엇보다 현실적인 조건인 '돈'도 없을 때 말이다.

내가 겪어온 사랑이 딱 그랬다. 마음은 있었지만 주머니는 텅 비어 있었고, 상대가 나를 좋아한다고 해도 나는 그 마음을 받아줄 여유가 없었다. 돌아보면, 내가 정말 여자가 필요했던 시기는 오히려 아무도 오지 않았던 시간이었다. 그렇게 시기를 놓치고, 결국은 아무 일도 일어나지 않았다. 지나고 나서 보면, 그 사랑들은 결국 될 수 없는 인연이었고, 언젠가 식을 것이 분명한 불씨였던 것 같다.

사랑을 놓친 건 내가 젊은 시절에 최선을 다하지 않았기 때문이다. 내가 지금 젊은 사람들에게 꼭 해주고 싶은 말은 단 하나다. 젊을 때 일하라. 무조건 열심히 일하라. 돈이 있어야 데이트도 하고, 사랑도 할 수 있다. 사랑이 전부는 아니지만, 인생에서 사랑은 무시할 수 없는 중요한 감정이다. 그리고 그 사랑조차, 현실적인 기반 없이는 지속되기 어렵다.

내 젊은 시절은 후회투성이었다. 그 시절 만났던 사람들은 도대체 나의 어떤 모습을 보고 사랑한다고 했던 걸까. 나는 내 자신을 봐도 한심하기 그지없었는데. 지금 남은 것이라고는 집 한 채, 그리고 십칠 년간 일하며 몸에 익힌 기술 하나뿐이다. 그래도 그것이 나의 노력의 증거이고, 그나마 늦게라도 '열심히'란 단어의 의미를 알게 해준 성과다.

세상이 참 많이 변했다. 예전에도 돈 없으면 결혼하기 힘들었지만, 요즘은 그보다 더 하다. 사랑도, 결혼도 '현실'을 피할 수 없다. 특별한 재능이 있거나 대단한 환경이 아닌 이상, 요즘 세상에서 사랑은 그저 마음만으로는 힘들다. 그래서 더더욱 젊을 때 정신 차리고 열심히 살아야 한다. 사랑은 나중 문제고, 우선은 인생을 스스로 세우는 일이 중요하다.

하지만 그렇다고 사랑이 아무 의미 없다는 건 아니다. 살아보니 사랑은 정말 중요하다. 사랑을 못해본 사람은 뭔가 인생에서 빠진 것처럼 느껴지기도 한다. 그래도 나는 지금 혼자지만 행복하다. 나름의 삶에 만족하고, 내 노력의 무게를 안다. 결국 인생에는 얼마나 열심히 살았는지가 남는다. 나이가 들면 결혼을 했든 안 했든, 다 비슷비슷해진다. 젊었을 때 무엇을 했는지가, 그리고 늙었을 때 어떤 표정으로 살아가고 있는지가 더 중요하다.

    인생은 한 편의 영화와 같다. 마지막 장면이 아름다우면 그 영화는 좋은 영화가 된다. 행복한 인생이란, 죽음을 앞두고 '그래도 괜찮았다'고 말할 수 있는 삶일 것이다. 그렇게 말하려면, 지금 이 순간 최선을 다해 살아야 한다. 그래서 나는 말한다. 열심히 살아라. 내 말을 믿고 열심히 살아간다면, 언젠가 당신은 진짜 '행복이 무엇인지' 알게 될 것이다.

좋은 머리,
중소기업에
도전하세요

요즘 젊은이들은 대부분 대학을 졸업한다. 하지만 문제는 그 이후다. 대학을 나와도 취직은 쉽지 않고, 중소기업은 외면받는다. 월급은 뻔하고, 기술은 무시된다. 중소기업은 사람이 부족하고, 대학 나온 사람은 넘쳐난다. 일자리는 한정되어 있으니 자연히 백수도 늘어난다. 그렇다고 중소기업이 무턱대고 많은 월급을 줄 수도 없는 노릇이다. 참으로 답답한 현실이다.

그렇기에 나는 말하고 싶다. 대학을 나왔다면, 월급만 보지 말고 중소기업에 도전하라고. 중소기업도 충분히 좋은 조건을 가질 수 있다. 처음엔 적은 월급으로 시작할 수 있지만, 일을 잘하고 기술력을 키우면 분명 그에 따른 대우를 받을 수 있다. 기술 수준이 높아지면 월급도 자연스럽게 상승한다. 능력을 키운 사람을 기업은 결코 외면하지 않는다.

요즘에는 기계가 갈수록 복잡해져서 컴퓨터처럼 정밀한 조작을 요구한다. 단순히 몸으로 일하는 시대는 지났다. 이제는 머리 좋은 사람이 유리하다. 대학에서 쌓은 지식이 이런 기술을 배우는 데 분명 도움이 된다. 똑똑한 대학생들이 기계를 다룰 줄 알면, 그 기업은 분명 달라질 수 있다.

그래서 나는 외친다. 젊은 대학생 여러분, 중소기업에 도전해보세요. 눈앞의 월급보다는 먼 미래를 바라보세요. 기술을 익히고, 직급이 올라가고, 월급도 오르는 경험을 꼭 해보세요. 사장님들 또한, 좋은 머리 가진 젊은 인재를 적극 채용해 기업의 기술력을 끌어올리시길 바랍니다. 그렇게 해서 기업도 잘되고, 나라도 잘되고, 무엇보다 여러분 자신의 인생도 잘 풀릴 수 있습니다.

대학까지 고생해서 나온 머리를 그냥 썩히지 마세요. 백수로 남기엔 너무 아깝습니다. 기술이라는 무대를, 중소기업이라는 현장을, 한 번쯤 진지하게 생각해보시길 바랍니다. 좋은 머리로 기술을 익혀, 다시 한 번 도전하고 성공하세요. 잘 될 겁니다.

4부

믿음과
세상에 대한
나만의
방식

찬양하는
인간으로
살아간다는 것

하나님을 찬양하며 살아간다는 것은 단순히 입술로 노래를 부르는 일이 아니다. 내 삶의 구석구석에서 하나님의 이름을 더럽히지 않으려는 의지, 그 작은 실천들이 진정한 찬양일 것이다. 그러나 나는 인간이다. 죄 없는 삶을 꿈꾸지만, 그 꿈은 이상으로 남는다. 죄를 짓지 않는 자가 있다면 그는 이미 인간이 아니라 신일 것이다. 나 역시 하나님 앞에서 떳떳하고 싶지만, 삶은 뜻대로만 흘러가지 않는다.

나는 이단이 되고 싶지 않다. 하지만 가끔 내 생각이 전통 교리와 어긋나는 것은 아닌지 스스로를 되묻게 된다. 하나님을 믿고, 그 가르침을 따르려 애쓰지만 완벽하게 살 수 없는 내가 과연 합당한 신앙인일까 고민하게 되는 것이다. 그럼에도 나는 말하고 싶다. 나는 단지 평범한 인간일 뿐이다. 신의 뜻을 완벽히 따르지 못한다 해도, 그것은 나의 무지가 아닌 인간됨의 한계다.

기독교인은 종종 '죄 없는 삶'을 이상으로 삼지만, 나는 그보다 '죄를 인식하고 돌아서려는 삶'이 더 현실적인 신앙의 모습이라 생각한다. 죄는 멀리 있다고 부정하는 것이 아니라, 가까이 있음을 인정하고 그것과 싸우려는 마음에서 신앙은 시작된다. 나는 혼자 살아가고 있고, 외롭고, 때로는 흔들린다. 결혼이 이 모든 것을 해결해 줄 것이라고 믿지도 않는다. 그러나 내 고백과 실수, 다시 일어서는 과정을 통해 나는 신앙 안에서 조금씩 자라간다.

나는 자유를 원한다. 기독교라는 이름 아래 나 자신

을 억누르고 싶지 않다. 나에게 신앙은 족쇄가 아니라 위로이자 기댈 언덕이다. 나는 노래할 수 있을 때 찬양한다. 내가 부족함을 알면서도, 그 찬양이 내게 주는 기쁨을 소중히 여긴다. 신 앞에 완전하게 설 수는 없지만, 그 불완전한 나를 받아주시리라는 믿음이 나를 다시 일으킨다.

결국 중요한 건, 기독교인이기 이전에 내가 인간이라는 사실이다. 실수도 하고, 후회도 하고, 다시 다짐도 하는 이 평범한 인간으로서 나는 오늘도 하나님을 향해 걸어간다. 찬양은 완전한 자의 특권이 아니다. 불완전한 내가 하나님을 찾는 방식 중 하나일 뿐이다. 그래서 나는 오늘도 찬양한다. 부족하지만, 기꺼이.

신앙과
현실 사이에서

하나님을 믿는다는 것은 때로는 큰 희생을 요구받는 일처럼 보인다. 특히 과거와 현재를 돌아보면, 신앙 때문에 고통받는 사람들이 너무도 많다. 옛날에는 카톨릭이 스스로 하나님의 뜻을 따른다면서도 다른 신앙인을 박해했다. 지금은 북한과 같은 일부 권위주의 체제 아래에서 기독교 신자들이 생명의 위협까지 감수해야 한다. 믿음은 무엇이길래 이런 극한의 고난을 감내하게 만들까? 하나님은 왜 신앙인들의 고통을 허락하시는 것일까?

예수님은 인간의 죄를 대신해 십자가에 못 박히셨다. 그 희생의 의미는 크고도 깊다. 하지만 그렇다고 해서, 오늘날에도 신앙을 위해 또 다른 희생이 끊임없이 이어져야 한다면, 우리는 묻게 된다. 정말 그것이 하나님이 원하시는 일일까? 인간으로서 느끼는 분노와 의문은 정당하다. 믿음이 있다고 해서 모든 고난을 묵묵히 견디는 것이 반드시 옳은 선택은 아닐 수 있다.

이단과 같은 왜곡된 신앙은 이러한 고민을 더 혼란스럽게 만든다. 누군가의 신념을 이용하고, 생명을 담보로 교리를 강요하는 행위는 더 이상 신앙이라 부를 수 없다. 그것은 권력의 연장이자, 사람의 두려움을 이용한 조작에 가깝다. 이런 상황에서는 신앙보다도 먼저 현실을 보호해야 한다. 현실이 위협받는다면, 경찰이나 사회적 도움을 요청하는 것이 더 중요하다. 아무리 영원한 천국이 존재한다 하더라도, 지금 이 순간의 삶 또한 무시할 수 없다.

신앙은 삶의 의미를 찾는 과정일 수 있지만, 그 믿

음이 현실을 부정하거나 고통을 외면하게 해서는 안 된다. 신앙은 우리를 강하게 만들고, 삶을 더 따뜻하게 만들어야 한다. 하지만 만약 그 믿음이 현실의 고통을 당연시하거나, 인간의 존엄을 짓밟는 것을 정당화한다면, 우리는 다시 생각해보아야 한다. 신앙은 구원이어야 하지, 고난의 면죄부가 되어서는 안 되기 때문이다.

나는 생각한다. 천국은 중요하지만, 지금 이 현실을 건강하게 살아내는 것도 그에 못지않게 중요하다고. 믿음이란 결국 이 두 세계를 균형 있게 바라볼 수 있을 때, 비로소 삶의 의미를 더 깊이 깨달을 수 있는 것 아닐까.

권력과 정의,
그리고
역사의 교훈

역사를 돌아보면, 한 사회가 어떤 방향으로 흘러갈지를 결정짓는 순간들이 있다. 조선이 일본 제국의 지배를 받던 시절, 많은 이들이 일본의 권력 앞에 무릎 꿇었지만, 그 속에서도 고개를 들고 '아니오'라고 말한 사람들이 있었다. 그들이 바로 독립군이었다. 이들은 자신의 생명과 가족, 삶 전체를 걸고 외쳤다. "우리는 조선인이다. 이 땅의 주인은 우리다." 그들의 존재는 단순한 반항이 아니라, 정의에 대한 실천이었고, 오늘날 대한민국의 존립 기반이 되었다.

만약 모두가 권력에 순응했다면 어땠을까? 지금의 우리는 없었을지 모른다. 아무리 힘이 세고 거대한 권력이라 하더라도, 그것이 불의와 폭력 위에 세워졌다면, 결국은 무너진다는 사실을 우리는 역사에서 배워야 한다.

하지만 북한의 현실은 또 다른 질문을 던진다. 외부의 침략이 아니라, 내부의 절대 권력이 수십 년간 이어지고 있는 상황. 조선시대 왕정 체제와 유사하게, 북한의 지도자는 법 위의 존재처럼 군림하며, 그 체제 속에서 국민은 스스로의 권리를 주장하지 못한다. 조선시대에 많은 백성이 굶주림 속에서 고통받았듯, 북한도 마찬가지로 민생보다 체제 유지가 우선되는 구조 속에서 많은 이들이 여전히 고통받고 있다.

권력이란 그 방향성과 본질에 따라 그 사회의 미래를 결정짓는다. 백성을 위한 권력인지, 자신을 위한 권력인지에 따라 그 사회의 운명은 달라진다. 진정한 리더는 공포로 군림하는 자가 아니라, 신뢰를 기반으로 공동체를 이끄는 사람이다. 역사는 늘 그것을 증명해왔다. 그리고 우리는 지금, 그 교훈을 되새기며 오늘을 살아가야 한다.

하나님을
믿는다는 것

하나님은 눈에 보이지 않기에, 때로는 그 존재를 믿는 것이 막막하게 느껴질 때가 있다. "하나님의 이름을 망령되이 일컫지 말라"는 말처럼, 우리는 경외심으로 하나님을 대하라고 배웠지만, 정작 하나님은 우리의 질문에 말없이 침묵하시는 듯하다. 그래서일까, 어떤 날은 하나님이 정말 존재하시는지 의심이 들기도 한다. 하지만 그럼에도 나는 하나님을 믿는다. 믿는다는 건 안다는 것과 다르다. 확인되지 않았지만, 믿고 싶어서 믿는 것이고, 방법이 없기 때문에 붙드는 희망이기도 하다.

북한의 기독교인들이 고통받는 현실을 생각하면, 하나님께 묻고 싶어진다. 왜 아무 말씀도 없으신가요? 왜 그분들을 그대로 두시는가요? 인간의 상식으로는 이해할 수 없는 침묵이 계속된다. 그 침묵 속에서 고통받는 사람들의 절규는, 인간이 가진 가장 근원적인 질문을 불러일으킨다. 고통받는 선한 사람들, 억압 속에서도 신앙을 포기하지 않는 이들의 존재는, 그 자체로 기적일지도 모른다. 하나님은 그들을 통해 어떤 메시지를 세상에 전하고 계신 걸까.

그럼에도 불구하고, 나는 지금 내가 살고 있는 이 땅, 대한민국이 얼마나 다행인지를 생각한다. 이곳은 말할 수 있고, 믿을 수 있으며, 물리적 억압 없이 신을 따를 수 있는 자유가 있는 곳이다. 우리는 그 자유를 당연하게 여기지만, 누군가에게는 평생 한 번도 누려보지 못하는 기회일 수 있다.

하나님의 존재는 사람마다 서로 다른 방식으로 다

가온다. 어떤 이에게는 기적이고, 어떤 이에게는 침묵이며, 또 다른 이에게는 간절한 바람이다. 나는 여전히 확신하지 못한다. 그래도 여전히 믿고자 한다. 내가 할 수 있는 건, 그 믿음 안에서 조금 더 좋은 사람이 되기 위해 오늘 하루를 다해 살아보는 것이다. 그리고 마음속으로 조용히 기도해본다. 하나님, 정말 계신다면, 지금도 고통받는 이들을 제발, 꼭 좀 바라봐 주세요.

세월호를
기억하며,
삶과 죽음의
경계에서

세월호 사건을 떠올릴 때마다 글을 쓰는 손끝이 무거워진다. 너무도 많은 이들이 아직도 그날에 머물러 있고, 누군가는 매일을 그날처럼 살아간다. 텔레비전에서 반복되는 뉴스 보도가 어느새 익숙해질 때가 있다. 그러나 그 화면 속에는 자식을 잃은 부모, 친구를 잃은 아이들, 삶의 일부분을 통째로 잃어버린 이들이 있다. 나에게는 그저 또 하나의 뉴스일 수 있어도, 누군가에게는 그 하루하루가 전부이고, 기억해야만 하는 이유이자 살아가는 의미일 수도 있다.

부모가 자식을 열여덟 해 넘게 길러냈는데, 그 아이가 어처구니없는 사고로 물에 잠겨 돌아오지 않는다면, 그 고통을 우리는 상상조차 할 수 없다. 말 그대로 마음이 찢어지고, 세상이 멈춘다. 그런데도 우리는 어딘가에서 "빨리 잊자"는 말을 꺼내고, "언제까지 끌 거냐"며 불편함을 말하기도 한다. 그 말이 얼마나 잔인한지 알면서도, 피곤하다는 이유로 외면하는 일이 많다.

나는 하나님을 믿는다. 그런 나에게 어떤 이는 기도하라고 말했고, 어떤 이는 기적을 바라보자고 했다. 하지만 솔직히 말해, 그때 나는 기도조차 하지 못했다. 기도가 무슨 소용일까 싶기도 했고, 정말 기적이 일어날 수 있는 걸까 의심도 들었다. 그래도 그들에게 천국이 있기를, 그 죽음이 끝이 아니기를 바랐다. 그것이 신을 믿는 이유이기도 하고, 인간으로서 끝까지 놓고 싶지 않은 희망이기도 하다.

책임져야 할 사람은 분명 존재한다. 구조를 외면하

고 도망친 이들, 본분을 저버린 자들, 그들의 죄는 결코 작지 않다. 그러나 우리가 더 중요한 것은, 이 죽음을 기억하고 말하는 것 그 자체다. 그래야 다시는 같은 일이 일어나지 않기 때문이다.

    나는 오늘도 편히 숨 쉬며 살아가고 있다. 하지만 누군가는 아직도 멈춰 있는 시간 속에 살아가고 있다. 그렇기에 우리는 쉽게 잊어서는 안 된다. 죽음 앞에 당당할 수 있는 사람은 없다. 다만 누군가의 죽음이 헛되지 않게, 그 기억을 지우지 않는 것이 우리가 할 수 있는 최소한의 책임이다. 그리고 언젠가, 그들이 머물고 있는 곳이 고통이 없는 평온한 천국이기를 조용히 바래본다.

믿음의
본질을 찾아서

나는 최근 카톨릭에 대한 동영상을 보게 되었다. 그 영상을 통해 서양이 어떻게 하나님과 예수님을 믿게 되었는지에 대한 역사적 맥락을 처음 접했다. 그러나 그 안에는 내가 미처 몰랐던, 혹은 깊이 고민해보지 않았던 많은 의문점과 상징들이 담겨 있었다. 특히 동영상은 카톨릭의 전통 안에 자리한 다양한 조형물, 즉 마리아가 예수님을 안고 있는 동상이나, 십계명에서 금지된 우상 숭배와 연결되는 요소들에 대해 강하게 지적하고 있었다.

그 중에서도 '바벨'과 관련된 이야기가 인상 깊었다. 바벨이 죽은 후, 그의 부인이 아들을 낳고 그 아이를 바벨의 환생처럼 신격화하며 조형물을 세웠다는 전승, 그리고 그 형상이 마치 지금의 마리아와 아기 예수를 닮았다는 해석은 단순한 우연이 아니라 종교적 상징을 넘어선 혼합과 변형의 역사처럼 느껴졌다. 그 영상은 이런 과정을 통해 카톨릭이 하나님의 이름을 빌리면서도 실제로는 태양을 신격화한 '제사'를 이어오고 있다고 주장했다.

물론, 나는 카톨릭의 모든 것을 단정 지을 수는 없다. 내가 본 영상 하나만으로 전체를 판단하기에는 세상은 너무나 복잡하고, 믿음의 형태도 다양하다. 그러나 그 영상이 던진 문제의식은 내게 큰 질문을 던졌다. '나는 무엇을 믿고 있는가?' '내가 따르는 믿음은 하나님께 바로 서 있는가?' '외형과 형식에만 의존하며 본질을 놓치고 있지는 않은가?'

나는 기독교인이다. 그리고 그 이름이 단순히 종교적 소속을 뜻하는 것이 아니라, 진심으로 하나님을 알고 따르고자 하는 마음이어야 함을 다시 느꼈다. 태양은 물론 우리에게 없어서는 안 될 소중한 창조물이다. 하지만 태양은 창조주가 아닌, 창조주의 피조물일 뿐이다. 믿음이란 그 근원을 향해야 한다. 형상이나 전통, 또는 오래된 의식들 속에서 길을 잃기보다, 본질을 묻고자 하는 태도가 신앙에 있어 가장 중요한 출발점이라는 생각이 든다.

우리는 종종 편리함이나 익숙함 때문에 질문을 멈춘다. 그러나 참된 믿음은 질문에서부터 시작된다. 내가 믿는 것이 무엇인지, 내가 따르는 길이 진리인지 끊임없이 묻는 마음, 그것이야말로 진정한 신앙인의 자세일 것이다. 그 영상은 나에게 그 질문을 던지게 해주었고, 나는 그 물음 속에서 다시 나의 믿음을 돌아보게 되었다. 어떤 종교든, 그 껍데기보다 그 중심이 무엇인지를 잊지 않는 것, 그것이야말로 우리가 지켜야 할 신앙의 핵심이 아닐까.

하나님 앞에
정직한 신앙을
위하여

세상은 때로 이해할 수 없을 만큼 혼란스럽다. 특히 종교의 이름 아래에서 벌어지는 일들 앞에서는 더욱 그렇다. 믿음이란 본디 위로와 진리를 향한 길이어야 하지만, 때때로 인간의 욕심과 이기심으로 인해 그 길이 왜곡되는 현실을 마주할 때, 마음은 깊은 한숨으로 무너진다. 교회는 하나님의 사랑을 전하는 공동체여야 하고, 목회자는 그 사랑을 실천하는 사람이어야 한다. 그러나 오늘날 일부 목회자들이 하나님보다 자신의 욕망을 앞세우고, 교회의 헌금을 개인의 것처럼 사용하는 모습을 보면, 신앙의 본질은 어디로 갔는가 묻게 된다.

믿음을 가지고 산다는 것은 결코 쉬운 일이 아니다. 인간은 본성적으로 약하고, 때때로 유혹에 흔들리며 실수를 반복한다. 하지만 그럼에도 불구하고 신앙인은 자신의 약함을 인정하고 하나님 앞에서 자신을 돌아보며 회개해야 한다. 특히 목회자는 더욱 무거운 책임감을 가져야 한다. 왜냐하면 그들의 말과 행동은 많은 성도들에게 영향을 미치고, 때로는 한 사람의 신앙 전체를 흔들 수도 있기 때문이다.

어떤 이들은 잘못을 저질러 놓고도 교단을 떠나면 해결되는 것처럼 행동한다. 그러나 믿음의 세계는 제도적 책임만으로 정리되는 것이 아니다. 진정한 책임은 하나님 앞에서의 정직함으로부터 시작된다. 회개는 단지 말로만 하는 것이 아니라, 그에 따른 책임과 실천이 따를 때 진짜 의미를 가진다. 죄에 대해 회피하지 않고 직면하며, 상처받은 이들에게 사과하고, 무너진 공동체를 다시 세우려는 노력이 필요하다.

    교회는 누구의 것도 아니다. 하나님의 것이며, 그 안에서 함께 살아가는 이들의 신앙 공동체이다. 그러기에 우리는 모두 이 믿음의 공동체를 지켜야 할 책임이 있다. 성도는 지도자를 맹신해서도 안 되고, 지도자는 자신의 위치를 권력처럼 휘둘러서도 안 된다. 서로가 하나님 앞에 서 있는 존재라는 것을 기억하며, 겸손하게 자신을 돌아보고 정직하게 살아가야 한다.

    우리는 모두 불완전하다. 그러나 그 불완전함 속에서도 하나님의 은혜를 바라보며 살아갈 수 있는 이유는 회개의 길이 있기 때문이다. 진심으로 하나님 앞에 자신을 내려놓고, 다시금 믿음의 길로 걸어가려는 용기야말로 신앙인의 가장 위대한 시작이다. 지금은 그 용기를 낼 때다. 교회가 다시금 신뢰를 회복하고, 세상에 빛과 소금의 역할을 하기 위해서 말이다.

허무 속에서도
살아가는
이유

인생은 때때로 우습고, 때때로 깊은 허무 속에 빠진다. 거울을 들여다보며 스스로를 바라볼 때, 가진 것도 없고, 특별할 것도 없는 내 모습이 우습게 느껴질 때가 있다. 하지만 그런 나도 하루하루를 위해 일하고, 노력하며 살아간다. 그것이 인생이기 때문이다.

  삶은 가끔 재미있다. 특별한 일이 없어도, 열심히 일한 하루의 끝에 맥주 한 잔을 마실 때, 또는 혼자 걷던

길에 생각지도 못한 하늘의 색깔에 감탄할 때, 작지만 분명한 행복이 느껴진다. 그런 순간이 있기에 우리는 또 내일을 산다. 하지만 그 와중에도 허무함은 어김없이 찾아온다. 열심히 살고 있음에도 불구하고 문득 '이게 다 무슨 소용인가' 하는 생각이 들곤 한다.

돈을 많이 가졌든, 사회적 지위를 누리든, 결국 모두가 죽는다는 사실 앞에서 모든 것이 허망하게 느껴질 때가 있다. 인생이란 결국 누구에게나 비슷한 결말을 가진 이야기인 것 같기도 하다. 그러나 그럼에도 불구하고 우리는 살아간다. 아니, 살아내야 한다. 삶이란 과정을 포기할 수 없기에, 끝을 알면서도 우리는 지금을 위해 움직이고 있는 것이다.

가진 것 하나 없고, 특별한 재능도 없는 나는 그저 삶을 위해 힘껏 일한다. 때로는 외롭고, 때로는 지치지만 그래도 또 하루를 살아낸다. 그 속에서 의미를 찾으려 애쓰며, 허무를 견뎌낸다. 혹자는 말한다. 마음속에 신이 있다면 삶이 허무하지 않을 것이라고. 신앙은 위로가 될 수 있고, 삶을 지탱하는 힘이 되기도 한다. 하지만 내 마음속엔 아직 그런 신이 자리 잡지 않았다. 그렇기에 더더욱, 나는 현실을 살아야 한다.

    삶이 허무하더라도, 우리는 살아가기 위해 노력한다. 무언가를 얻기 위해서가 아니라, 그저 존재의 의미를 증명하기 위해. 그 노력 속에 삶의 가치가 있고, 비록 끝이 같더라도 과정은 다르기 때문이다. 나는 오늘도 허무 속에서 이유를 찾으며 다시 걷는다. 삶은 그렇게 계속된다.

종교, 법, 그리고 인간의 길

요즘 세월호 사건을 둘러싼 논란을 보며 다시금 종교와 인간의 관계에 대해 생각하게 된다. 종교는 원래 인간이 더 바르게, 더 정의롭게 살도록 돕기 위한 것이었다. 하지만 지금의 현실을 보면, 종교가 본래의 순수한 목적을 잃어버리고, 때로는 누군가의 안위와 욕심을 채우는 도구로 전락하는 경우도 적지 않다. 그 안에는 인간의 맹목적인 믿음이 있고, 때론 그 믿음이 한 사람의 말에 모든 것을 맡겨버리는 무서운 현실도 있다. 한 개인에 불과한 교주의 말 한마디가 법이 되고 삶의 기준이 되어, 이성보다 앞서 작동하는 그 무엇이 되어버린다.

    나는 종교가 법보다 우위에 있다고 생각하지 않는다. 법은 완전하지 않다. 인간이 만들었기 때문이다. 하지만 법은 공동체가 함께 살아가기 위해 최소한 지켜야 할 약속이다. 물론 이 법 역시 인간의 지혜와 도덕을 바탕으로 발전해왔고, 그 바탕에는 종교의 교리나 성인의 가르침이 녹아있을 수 있다. 하지만 세상이 바뀌었듯, 법도 시대에 맞게 끊임없이 변해가야 한다. 인간은 과거처럼 왕의 말 한마디에 목숨을 좌우하던 시절을 지나, 이성을 통해 스스로를 다스릴 수 있는 힘을 가져야 한다.

    역사를 돌아보면, 인간은 수많은 고난을 겪으며 법을 만들고 세상을 바꾸려 했다. 한때는 왕이 법이었고, 한때는 지식의 부족으로 하늘의 노여움 앞에 무력했다. 하지만 지금은 다르다. 과학은 발전했고, 우리는 더 이상 비를 빌기 위해 제사를 지내지 않는다. 적은 땅에서도 많은 식량을 만들어내는 시대가 되었고, 자연 재해 앞에서도 예측과 대응을 통해 피해를 줄여나갈 수 있다. 아직 완벽하지는 않지만, 인류는 분명 나아가고 있다.

그렇다면 우리가 그토록 바라는 '완전한 세상'은 존재할까? 누구는 천국이라 말하고, 누구는 공산주의라 여겼다. 스탈린이 꿈꾸던 공산주의는 노동자와 농민이 주인이 되는 세상이었지만, 그 역시도 권력자들에 의해 왜곡되었다. 결국 문제가 되는 것은 '이념'이 아니라 '사람'이었다. 누군가의 욕망이 이념을 덮고, 그 이념을 무기로 삼아 또 다른 폭력이 만들어졌다. 힘 있는 자들이 자리를 다투는 세상은 여전히 끝나지 않은 전쟁터다. 그리고 그 속에서 인간의 과학은 또 발전해왔다. 전쟁이 인간을 파괴하는 동시에 인간을 진보시킨다는 모순은 지금도 유효하다.

결국 중요한 것은 무엇을 믿느냐가 아니라, 어떻게 사느냐다. 종교도, 법도, 이념도 인간이 더 나은 삶을 살기 위한 수단이지, 목적이 되어서는 안 된다. 우리가 더 나은 세상을 꿈꾼다면, 맹목이 아니라 질문을, 추종이 아니라 책임을 가져야 한다. 과학, 종교, 법, 그리고 인간성은 함께 세상을 지탱하는 기둥이다. 그 기둥이 균형을 잃지 않도록 지키는 일, 그것이 오늘을 살아가는 우리의 몫이다.

과학의
그림자와
인간의
해석

세상은 우리가 생각하는 것보다 훨씬 더 발전했다. 기술과 의학, 과학이 가져온 이 변화는 때로 놀라움을 넘어 두려움을 느끼게 만든다. 나는 그것을 몸소 경험했다. 현대 사회는 아주 정교한 방식으로 소리를 전달해 특정인에게만 들리는 소리를 만들 수 있으며, 과학의 힘으로 사람의 신체에 직접 영향을 줄 수 있는 약물도 존재한다. 이 모든 것이 가능하다는 사실은, 동시에 그것이 얼마나 쉽게 오용될 수 있는지도 일깨워준다.

　물론 이런 일들은 일반적인 일상에서 쉽게 벌어지지는 않는다. 누구나 다 겪는 일이 아니기에, 때로는 겪은 사람만이 느끼는 공포와 황당함 속에서 혼자 외로워지기도 한다. 나는 과거에 내 귀에만 들리는 소리, 반복되는 악몽과 가위눌림, 설명할 수 없는 신체 증상을 겪은 적이 있다. 그 모든 것이 당시에는 두렵고 이해되지 않았지만, 시간이 지나며 나는 그 현상들이 귀신이나 초자연적 현상이 아니라, 과학적 원리나 심리적 요인에서 비롯되었을 가능성이 크다는 결론에 다다랐다.

　중요한 건, 그런 일이 실제로 존재할 수도 있다는 가능성보다, 그것을 어떻게 받아들이고 이겨내느냐에 있다. 내가 찾은 방법은 단순했다. 가위에 눌릴 때는 손가락 하나라도 움직이려 애쓰고, 몸을 조금씩 돌려보는 것이었다. 그리고 가위에서 깨어난 후에는 바로 잠들지 않고, 정신을 환기하기 위해 TV를 보거나 운동을 하며 나를 진정시키는 시간도 가졌다. 이런 습관들이 나를 조금씩 일상으로 되돌려주었다.

이 경험은 결코 보편적인 진리일 수 없다. 내가 겪은 일들이 다른 사람에게는 전혀 의미 없고 이해되지 않을 수도 있다. 하지만 중요한 건, 그것이 나의 현실이었고, 나는 그 현실 속에서 나만의 해석과 방법으로 버텨왔다는 사실이다. 이 시대는 우리가 상상하는 것 이상의 가능성을 품고 있으며, 그 가능성은 때로 우리를 위협하기도 하고, 때로는 구원하기도 한다.

나는 지금도 귀신이란 존재를 완전히 부정하지는 않는다. 하지만 대부분의 현상은 인간이 만든 것일 가능성이 크고, 우리가 겪는 불안이나 두려움도 결국은 내면에서 기인하는 경우가 많다. 두려워하지 말고, 차분히 바라보고, 자신만의 방식으로 극복해나가는 것. 그것이 내가 얻은 하나의 결론이다.

내 이야기가 다소 황당하게 들릴 수도 있음을 안다. 하지만 내가 전하고 싶은 건 단 하나다. 어떤 일이든, 내가 살아낸 현실이라는 사실을 부정하지 말고, 자신만의 해석으로 삶을 견뎌나가라는 것. 그 과정이 우리를 조금씩 단단하게 만들 것이다.

지켜야
할 것이 많은
민주주의

민주주의란 단지 투표로 지도자를 뽑는 정치 체계 그 이상이다. 그것은 우리가 지켜야 할 많은 가치를 내포하고 있는 삶의 방식이다. 돈, 기업, 토지, 그리고 무엇보다도 사람들의 기술력과 창의성. 이 모든 것은 민주주의 사회 안에서 보호받고 성장할 수 있는 자산이다. 민주주의는 각 개인이 자신의 가능성을 실현할 수 있도록 장려하고, 그 과정을 통해 사회 전체가 발전해 나가는 구조를 지닌다.

반면 공산주의는 그러한 개인의 가능성과 꿈을 억제하는 경우가 많다. 이념의 이름 아래 개인의 자율성과 다양성이 희생되기도 한다. 공산주의 체제에서는 특정 계층이나 권력자의 입지만이 강조되고, 그 지위를 차지한 사람은 종종 절대적인 권력을 누린다. 권력의 계승 역시 개인의 능력이나 대중의 선택에 의한 것이 아니라 권력 내부의 구조와 이해관계에 따라 이루어진다.

민주주의는 언제나 쉽지 않다. 자유에는 책임이 따르고, 다양성은 때때로 갈등을 일으킨다. 하지만 그 속에서 우리는 새로운 가능성을 모색하고, 더 나은 세상을 만들어갈 수 있는 힘을 얻는다. 기술이 발달하고, 기업이 성장하며, 사람들이 자유롭게 자신만의 삶을 설계할 수 있는 환경이 바로 민주주의의 토양 위에서 가능해지는 것이다.

전쟁이나 위기가 닥쳤을 때, 민주주의는 흔들릴 수 있다. 그러나 그 안에 존재하는 시민들의 연대와 기술력, 자유로운 의사소통은 공동체를 지탱하는 큰 힘이 된다. 반면 공산주의 체제에서의 강압적 질서는 단단해 보일 수 있지만, 그 내부에 쌓이는 불신과 억압은 오히려 체제를 더 쉽게 무너뜨리는 불안정한 요소가 되기도 한다.

공산주의가 깡패보다도 더 두려워지는 순간은, 자유가 사라지고 힘 있는 자만이 살아남는 구조로 변질될 때다. 우리는 민주주의가 완전하다고 믿지 않는다. 하지만 그것이 여전히 우리가 지켜야 할 체제이며, 개인의 존엄과 자유, 그리고 미래의 꿈을 품을 수 있는 유일한 터전임은 분명하다. 민주주의는 지킬 것이 많은 사회다. 그래서 우리는 그것을 더욱 소중히 여겨야 한다.

관점과 상상, 그리고 지나간 역사

하나의 컵을 보면 흥미로운 점을 발견할 수 있다. 컵의 밑면은 둥글지만, 위에서 바라보면 평평하고 네모나게 보인다. 같은 사물도 보는 시선에 따라 전혀 다른 형상을 띤다. KBS 드라마 '골든 크로스'는 이 단순한 사실을 시청자에게 강하게 각인시킨다. 컵 하나가 그렇게 다르게 보일 수 있다면, 우리가 판단하는 수많은 사건과 역사도 어떤 시각에서 바라보느냐에 따라 전혀 다른 해석이 가능할 것이다.

이 드라마를 보며 히틀러와 유대인에 관한 이야기가 나왔다. 히틀러는 역사상 가장 잔혹한 독재자 중 하나로, 수많은 유대인을 학살했다. 그런데 그 전쟁의 자금을 대는 이들조차 유대인일 수 있다는 모순적 상황은 놀라움을 자아낸다. 물론 이것은 역사적 팩트라기보다는 극 중 이야기이자 상상에 기반한 해석일 수 있다. 그러나 그런 상상은 가끔 우리가 놓치고 있던 구조적 진실이나 연결고리를 다시 생각하게 만든다.

예를 들어 히틀러가 사용한 무기 기술은 전쟁 이후 미국으로 넘어갔다. 독일이 전쟁 중에 개발했던 로켓, 제트 전투기, 잠수함 기술 등은 훗날 미국의 군사 기술 발전에 큰 영향을 미쳤다는 것은 역사적 사실이다. 과학자들도 함께 미국으로 이주했다. 이 흐름은 일본의 731부대와도 연결된다. 인간을 대상으로 한 실험으로 악명 높았던 이 부대의 기록 역시 종전 후 미국으로 넘어간 것으로 알려져 있다.

이쯤 되면 단순한 역사적 사실과 상상이 섞이기 시

작한다. 혹시 전쟁 자체가 누군가에 의해 계획된 것이 아닐까? 그런 생각이 들 만큼, 전쟁의 결과물들이 교묘하게 강대국의 손에 들어간다. 물론 이 모든 생각은 상상의 영역이다. 하지만 우리가 역사를 돌아볼 때, 단순히 일어난 사건만이 아니라 그 안의 흐름과 그 뒤에 숨은 의도를 탐색하는 일도 의미 있는 작업이다.

무엇이 진실이고 무엇이 허구인지 구별하기 어려운 시대에 우리는 살고 있다. 그러나 그 불확실성 속에서 우리는 다양한 시각으로 세상을 보고, 상상하고, 질문을 던질 수 있다. 그것이 때로는 진실에 더 가까워지는 길일지도 모른다. 지나간 역사는 되돌릴 수 없지만, 그 역사를 어떻게 바라보고 해석할지는 우리에게 달려 있다. 상상은 때로 진실을 향한 또 다른 문이다. 그리고 그 문을 여는 순간, 우리는 '이야기' 이상의 무언가를 얻게 된다.

진짜 민주주의는
노력에서 시작된다

세상을 살아가며 우리는 자주 정의와 이상에 대해 이야기한다. 공산주의는 처음에 노동자와 농민을 위한 사회를 만들겠다는 이상에서 출발했다. 하지만 현실은 냉정했다. 오히려 그 체제 안에서 진정한 노동자와 농민은 부유해지지 못했고, 정치 권력의 꼭대기에 선 일부만이 혜택을 누렸다. 말로는 평등을 외치지만, 실상은 또 다른 위계가 자리잡았던 것이다. 이처럼 어떤 제도나 이념도 현실에서는 이상과 다른 모양새로 나타나기 마련이다.

반면, 민주주의는 한 가지 분명한 전제를 가지고 있다. 바로 '기회의 평등'이다. 태어난 환경이나 배경이 아니라, 각자가 쏟은 노력과 실력에 따라 결과가 달라질 수 있다는 믿음이다. 물론 이 또한 완전하지 않다. 부모의 경제력, 교육 수준, 사회적 인맥이 기회의 출발선 자체를 다르게 만드는 경우도 많다. 하지만 그럼에도 민주주의는 노력과 능력의 가치를 인정하려는 방향성을 지니고 있다.

이런 구조 안에서는 공부를 잘하거나 어떤 분야에서 뛰어난 재능을 가진 사람이 더 많은 보상을 받는다. 누군가는 이를 불공평하게 느낄지도 모르지만, 다르게 보면, 누구에게나 노력할 기회만큼은 열려 있다는 의미이기도 하다. 물론 그 과정은 결코 쉽지 않다. 세상에 공짜로 얻어지는 것은 없다. 쉬운 길을 기대하거나 단숨에 위로 오르려는 생각은 현실 속에서 쉽게 무너질 수밖에 없다.

세상을 지탱하는 힘은 결국 많은 이들의 묵묵한 노

력이다. 그중에도 '서민'이라 불리는 사람들의 성실함은 결코 가벼이 여겨져서는 안 된다. 다만, 모두가 같은 결과를 누릴 수는 없다. 누구나 위인이 될 수는 없지만, 누구나 의미 있는 삶을 살 수는 있다. 그 시작은 나 자신이 노력으로 쌓아가는 작은 성취들이다.

민주주의란 그저 제도가 아니다. 그것은 삶을 바라보는 태도이자, 자기 삶의 책임을 지려는 자세다. 그리고 그 중심에는 '노력'이 있다. 세상의 이치가 그렇다면, 결국 우리가 할 수 있는 일은 최선을 다해 살아가는 것뿐이다. 그것이 진짜 민주주의의 본질 아닐까.

권력과 돈,
그리고 우리가 꿈꾸는
민주주의

세상을 움직이는 두 가지 힘이 있다면, 하나는 권력이고 다른 하나는 자본이다. 역사를 돌이켜보면 권력은 때로는 국민을 억압하고, 때로는 나라를 이끌었으며, 자본은 가난한 자를 더욱 가난하게도 만들었지만 한편으로는 국가 발전의 견인차 역할을 하기도 했다. 지금 우리가 사는 세상도 크게 다르지 않다. 여전히 권력은 바뀌고, 자본은 축적되며, 그 사이에서 평범한 노동자와 농민은 오늘을 살아낸다.

대부분의 사람들은 부자가 아니다. 그들은 땅을 일구고, 공장에서 일하고, 일상 곳곳을 지탱하는 수많은 노동으로 세상을 움직인다. 그런데 왜 돈은 늘 한 곳에만 몰릴까? 왜 대기업은 더 부유해지고, 소수의 사람들만이 자산의 대부분을 차지하게 되었을까? 그 답은 아마 기술력, 경영력, 그리고 사람을 움직이는 능력 같은 무형의 자산에 있을 것이다. 머리가 좋은 이들이 모이고, 좋은 아이디어가 끊임없이 쏟아지는 곳엔 자연스레 자본도 모이게 된다.

반면, 권력은 그 성격이 다르다. 권력은 제도로써 국민이 위임한 것이며, 시간의 유한성을 갖는다. 한국이 5년마다 대통령을 교체하는 이유도 같은 맥락이다. 권력의 독점은 반드시 부패를 부르기 때문이다. 역사적으로도 권력을 오랜 시간 쥔 이들이 나라의 돈을 사유화하고, 민중을 배제한 사례는 수없이 많았다. 실제로 우리나라에서도 대통령이 임기를 마친 후 각종 비리로 구속되는 일이 반복됐다. 이것은 단순한 개인의 문제가 아니다. 권력이 길어질수록 인간은 자신을 보호하려는 유혹에 쉽게 휩싸이게 되고, 그로 인해 국민보다는 자신을 위한 정치를 하게 되는 것이다.

이에 비해 기업의 자본은 오래 유지되는 것이 오히려 이득인 경우가 많다. 오랜 시간 한 방향을 이끄는 경영자는 기술을 축적하고, 시장을 개척하며, 새로운 성장 동력을 발굴해낸다. 하지만 그 역시도 견제받지 않는다면 사회의 불균형을 초래할 수 있다. 그러므로 민주주의 사회에서는 자본에도 윤리적 책임과 투명성이 요구된다.

결국 중요한 것은, 이 나라가 어떤 방향으로 가고 있느냐는 것이다. 권력이 국민에게 봉사하고, 자본이 사회에 기여하며, 모든 국민이 노력한 만큼의 기회를 얻을 수 있는 사회. 그런 사회가 바로 우리가 꿈꾸는 민주주의일 것이다. 물론 세상은 완벽하지 않다. 아무리 노력해도 모두가 잘살 수 있는 것은 아니고, 때로는 불공평한 현실도 마주하게 된다. 하지만 최소한의 희망은 있다. 열심히 살면 굶지 않고, 내일에 대한 기대를 품을 수 있는 사회. 그 정도면 충분히 살만한 세상이지 않을까. 이것이 나만의 생각일지라도, 나는 그런 세상을 믿고 싶다.

여름,
잠시 멈추어
쉬어가는 계절

이제 더운 여름이 시작되었다. 찌는 듯한 햇볕에 몸이 늘어지는 계절이지만, 그 안에서 느긋한 한숨과 여유도 함께 찾아온다. 칠월 이십일이 지나면 일이 한풀 꺾이고, 바빠서 쫓기던 일상은 잠시 멈춘다. 한 달간의 휴식, 그것만으로도 여름은 기다림의 이유가 된다.

이제는 바다에 가는 일만 남았다. 햇살 아래 부서지는 파도 소리, 짭조름한 바닷바람, 그리고 흘러가는 구름을 바라보며 마음까지 씻겨 내려가는 그런 시간. 물론 일을 쉬는 만큼 수입은 줄겠지만, 돈보다 소중한 게 있다. 바로 '편안함'이다. 몸과 마음이 동시에 쉼을 얻는 순간, 다시 살아갈 에너지가 차오른다.

혼자 사는 삶은 가끔 외롭지만, 다행히도 내겐 형들이 있다. 형제라는 이름으로 서로를 지지해주며 살아가는 것, 그 자체로도 큰 힘이다. 함께 밥을 먹고, 함께 웃을 수 있다는 사실만으로도 여름은 더 견디기 쉬워진다. 피할 수 없는 더위도, 서로 나눌 수 있다면 훨씬 덜하게 느껴지니까.

내 직업은 어쩌면 복이 많은 일인지도 모르겠다. 계절 따라 고단할 때도 있지만, 이렇게 여름엔 쉬어갈 틈도 허락해준다. 그 여백 속에서 나는 내가 어디쯤 와 있는지, 어디로 가고 싶은지를 다시 되묻는다. 여름은 그렇게, 멈추어 생각할 수 있는 계절이기도 하다.

한여름도 잘 지나가리라 믿는다. 형들과 함께, 시원한 바람이 불어오기를 기다리며, 오늘도 나는 조용히 웃는다.

대학, 기술, 그리고 현실의 무게

요즘 세상을 살펴보면, 돈 오백만 원을 빌리고 갚지 못해 신용불량자가 되는 사람들이 심심치 않게 보인다. 고작 오백만 원, 하지만 그 돈 앞에서 삶이 송두리째 흔들리는 현실은 무겁고도 낯설다. 특히나 젊은 세대, 대학생들의 사정은 더 마음이 쓰인다. 학자금 대출을 받아 대학에 가고, 졸업을 해도 취업은 어렵고, 빚은 고스란히 남는다. 그 빚이 오히려 젊은 날의 날개를 꺾는 족쇄가 되는 것이다.

대학이란 곳은 원래 똑똑하고, 공부에 뜻이 있는 이들이 가는 곳이었다. 하지만 지금은 '대학에 가지 않으면 사람 취급을 못 받는다'는 사회적 인식 때문에, 실질적인 준비 없이도 돈만 있으면 가는 구조가 되어버렸다. 공부보다는 간판, 실력보다는 배경을 더 중시하는 분위기 속에서, 진짜 역량 있는 이들이 제값을 못 받는 상황이 반복된다. 대학이 당연한 선택이 된 사회지만, 그 선택이 반드시 더 나은 삶을 의미하지는 않는다.

기술을 무시하는 사회 분위기 역시 문제다. 내 형은 중학교만 나와 기술을 배워 지금은 사장님이 되었다. 대학을 나온다고 다 잘되는 건 아니다. 오히려 묵묵히 기술을 익히고 삶을 일군 사람들의 땀과 손끝이 세상을 움직인다. 모든 물건은 기술의 집약체다. 하루아침에 만들어지는 건 없다. 하나의 제품이 세상에 나오기까지는 수년간 갈고닦은 손과 노력이 필요하다. 그런데 우리는 그 '기술'을 너무 쉽게 지나쳐버리고 있지는 않은가.

일본의 청년들이 기술을 배우기 위해 노력하는 모습이 부럽기도 하다. 우리도 IT 분야에서는 분명 강세를 보이고 있지만, 여전히 많은 젊은이들이 '기술직'이라 하면 꺼리는 경향이 있다. 머리를 쓰는 일만 가치 있는 것처럼, 손을 쓰는 일은 천한 것처럼 여기는 사회 분위기. 이것이 오히려 청년 실업을 악화시키고 있지는 않을까.

기회는 균등하지 않다. 하지만 선택은 개인의 몫이다. 누구나 대학을 나올 필요는 없다. 기술을 익히고, 현장에서 부딪히며 자신의 길을 만들어 가는 것 역시 자랑스러운 삶의 방식이다. 우리는 다시금 질문해보아야 한다. 진짜 실력은 무엇이며, 어떤 사람이 이 사회를 움직이고 있는가. 빚만 남은 간판보다는, 땀과 노력으로 빚어진 기술이 더 빛나는 시대를 기대한다. 그리고 그런 인식이 확산되기를 바란다.

그냥 사는 것이 행복이다

우리들의 이야기는 영화처럼 드라마틱하지 않다. 신화 속 아담과 하와가 죄를 짓고 쫓겨난 후, 인간은 노동을 통해서만 삶을 이어갈 수 있게 되었다고 한다. 그 말이 맞는 듯하다. 세상에서 얻는 행복은 결코 공짜가 아니다. 하루하루 꾸준히, 묵묵히 살아가야 비로소 찾아오는 것이 행복이니까.

 나는 그렇게 대단한 삶을 살아온 사람은 아니다. 놀

기도 많이 놓았고, 기회가 오면 흘려보낸 적도 많았다. 하지만 한 가지는 분명히 알게 되었다. 행복은 노력하는 삶 속에서 아주 소소하게 찾아온다는 것이다. 돈, 사람, 사랑, 그 모든 것은 그저 바르게 살다 보면 어느 순간 다가오기도 한다. 너무 조급하게 생각할 필요도 없다.

대한민국은 돈이 있으면 비교적 편한 나라다. 물론 그것이 모든 걸 해결해주지는 않지만, 돈이 없으면 힘든 것도 사실이다. 북한처럼 돈을 부정하는 사회에선 개인의 열정도 사라질 수밖에 없지 않을까. 열심히 일해도 대가가 없으면, 누가 진심으로 일하고 싶을까. 결국, 어떤 체제든 사람이 사람답게 살 수 있어야 한다는 점에서는 모두 같다.

드라마를 보면서도 시대의 변화를 느낀다. 과거에는 왕과 신하의 이야기, 전쟁과 계략이 중심이었지만, 지금은 평범한 사람들의 이야기, 권력에 맞서는 이야기들이 많아졌다. 그만큼 사람들은 '나'의 삶을 고민하게 되었고, 나도 그렇게 살아가고 있다. 남에게 피해를 주지 않고, 내가 원하는 대로 살아가는 것. 그것이 내가 추구하는 삶의 방식이다.

혼자 살다 보면 외롭기도 하지만, 가족이라는 이름은 내 삶을 지탱해주는 큰 힘이다. 형들과의 관계 속에서 나는 주기도 하고 받기도 하며 살아왔다. 형제는 함께 살아가는 존재라는 것을 삶 속에서 배웠다. 나만을 생각하며 사는 것 같아도, 결국 그 안에는 나를 지탱해주는 사람들이 있다는 사실을 잊지 않는다.

높은 자리에 있는 사람일수록 오히려 더 많은 책임을 지고 더 많은 노력을 한다는 것도 알게 되었다. 그래서 나는 지금처럼 조용히, 소박하게 사는 삶이 더 편하다. 특별한 욕심 없이, 내가 원하는 대로 하루하루 살아가는 것. 그 속에서 작은 행복을 발견할 수 있다면, 그걸로 충분하지 않을까.

사랑이 없어서 아쉽긴 하다. 가끔은 그 빈자리가 크게 느껴지기도 하지만, 그마저도 내 방식대로 견뎌내고 있다. 행복은 외부가 아닌 내 안에서 피어난다는 사실을 이제는 알게 되었기 때문이다. 그냥 살아가는 것, 나답게 살아가는 것, 그리고 내 삶을 내가 인정해주는 것. 그것이 내가 말하는 행복이다.

    완벽한 인생은 없지만, 지금 나는 나름대로 만족한다. 큰소리로 말하진 못해도, 조용히 고개를 끄덕이며 말할 수 있다. 나는, 행복하다.

나 하나 지키는 삶,
그것도 나쁘지 않다

세상은 참 쉽지 않다. 하루하루 살아가는 것도 버거운데, 남을 돕는 일은 더더욱 쉽지 않다. 마음은 가득해도 손길을 뻗기란 어려운 일이다. 그래서 가끔은 이런 생각이 든다. 내가 나 자신을 잘 지키는 것, 그것이 결국 모두를 위한 길이 아닐까 하고.

우리 주변에는 힘든 사람이 참 많다. 아픈 사람, 가난한 사람, 외로운 사람… 너무 많아서 마음이 무거워질 때도 있다. 그런데 나는 한낱 평범한 사람이다. 나라조차도 다 감당하지 못하는 일을 나 하나가 어찌 다 품을 수 있을까. 그래서 나는 이렇게 믿는다. '한 사람 한 사람이 자기 삶에 최선을 다하면, 결국 모두가 잘 살게 된다.' 내가 할 수 있는 방식으로, 내 몫의 삶을 잘 살아내는 것. 그것이 작지만 의미 있는 시작이 아닐까.

물론 착한 일, 좋은 일은 하고 싶다. 언젠가 내가 더 여유로워질 때, 돈을 더 많이 벌게 되었을 때, 그때는 나도 뭔가 보탤 수 있을지 모른다. 하지만 그런 일들을 죽을 때쯤 미뤄두는 것도 아이러니한 일이다. 세상 어딘가에서는 지금 이 순간에도 굶고 있는 이들이 있으니 말이다.

결국 인생이란, 숨을 들이쉬고 내쉬는 그 단순한 흐름 속에서 살아가는 존재다. 들이쉰 숨을 내쉬지 않으면, 그 한순간에 생은 끝이 난다. 그렇게 유한한 삶 속에서, 우리는 자꾸만 더 많은 것을 가지려 하고, 더 오래 붙잡고 있으려 한다. 나도 그렇다. 죽을 때 가져가지도 못할 돈을, 움켜쥐고 있는 내 모습이 안쓰럽기도 하다.

하지만 나는 오늘도 내 삶에 충실하려 한다. 크게

선행을 하지 못하더라도, 최소한 내 삶을 바르게 살아내는 것. 그것만으로도 의미가 있다 믿는다. 때론 나 하나 지키는 삶도, 나쁘지 않다. 그렇게 하루하루를 살아낸다는 것이, 어쩌면 우리 모두가 이 세상에서 해야 할 가장 소중한 일 아닐까.

신, 인간,
그리고 삶을 위한
노력

인류는 오랫동안 '어떻게 살아야 하는가'를 고민해왔다. 고대의 왕들은 중국에서 유입된 논어, 맹자와 같은 사상서를 배우며 인간다움에 대해 사유했다. 유교는 삶의 덧없음을 강조하며, 물질적 풍요보다 도덕적 완성을 추구했다. '군자의 도리'라는 말에서 알 수 있듯, 보여지는 삶이 아닌 내면의 자세와 인격이 중시되었다.

    종교 역시 인간의 삶을 바로잡고자 했다. 그러나 때

로는 종교가 삶을 교묘하게 해석하며 헌금을 강요하는 측면도 존재했다. 일부 종교는 사후 세계를 언급하며 물질적 헌신을 유도했지만, 그것이 전부는 아니다. 종교가 인간을 올바르게 살도록 이끄는 많은 가르침을 담고 있다는 점은 분명하다. 신을 믿는다는 것은 단지 어떤 존재를 믿는 것이 아니라, 보다 나은 사람이 되고자 하는 실천의 의미이기도 하다.

나의 형은 목사다. 그의 삶을 곁에서 지켜보며, 종교인의 길이 단순한 직업이 아님을 알게 되었다. 성직자로서 겉모습뿐 아니라 생활 전체가 희생과 절제의 연속이다. 사람들에게는 보이지 않는 경제적 고통 속에서도, 그는 신앙을 전한다. 종교는 단지 말로 전하는 것이 아니라 삶으로 살아내는 것임을 형을 통해 느꼈다. 그래서 나는 종교가 세상에 도움이 된다고 믿는다. 종교가 설 수 있도록 헌금을 하는 것도 그 가치를 지키기 위한 작은 실천이라 여긴다.

물론, 모든 종교가 옳다고는 할 수 없다. 신의 이름으로 타인을 해치는 일조차도 정당화되는 경우도 있기 때문이다. 그러나 그런 극단적인 사례를 일반화해선 안 된다. 대부분의 종교는 인간이 완전하지 않기에 바르게 살 수 있도록 길을 안내하려 한다. 신을 믿는 사람과 그렇지 않은 사람 사이에서 삶의 태도나 마음가짐의 차이가 뚜렷하게 느껴지는 것도 그런 이유일 것이다.

현실에서 인간은 더 이상 종교의 가르침만으로 살아가기 어렵다. 인간 사회는 법이라는 제도를 만들어 신의 자리를 어느 정도 대신해왔다. 그러나 유교나 종교의 가르침을 배척만 할 일도 아니다. 종교의 가르침은 인간이 돌을 닦듯 삶 속에서 얻은 지혜이고, 그것은 여전히 우리 삶에 도움이 될 수 있다.

더 나아가 인간은 과학을 통해 신의 창조에 근접하고자 한다. 과학은 삶을 풍요롭게 만들고, 기술은 사람들의 일상을 편리하게 바꾼다. 그렇기에 우리는 종교뿐 아니라 과학과 기술, 그리고 운동까지도 균형 있게 발전시켜야 한다. 인간은 배우고, 연습하고, 삶을 갈고닦아야 한다. 그것이 곧 인간답게 사는 길이다.

어쩌면 신은 인간이 자신의 형상을 닮아가기를 원

하셨는지도 모른다. 우리가 보다 아름답고 인간적인 삶을 살기 위해서는, 신앙과 과학, 도덕과 노력이라는 네 축을 조화롭게 세워야 한다. 그러한 삶이야말로 우리가 지향해야 할 인간다운 길일 것이다.

노력과
공평함이
만드는
세상

옛날 왕들은 나라를 다스리기 위해 사상과 철학을 깊이 공부했다. 다른 사람을 움직이고 이끌어 간다는 것은 결코 쉬운 일이 아니었고, 많은 지식과 통찰이 필요했을 것이다. 철학은 결국 인간의 삶과 죽음을 탐구하는 학문이지만, 그 끝에는 허무함이 남기도 한다. 인간의 사상만으로는 죽음 이후를 설명할 수 없기 때문이다. 그러나 신학은 다른 이야기를 전한다. 죽음 이후에도 더 나은 세상,

영원의 삶이 기다린다고 믿게 하여 사람들에게 희망을 준다. 그래서 하나님을 믿는 사람들은 고난 속에서도 감사하라는 가르침을 따르고, 약한 자와 가난한 자를 돕는 것을 삶의 중요한 덕목으로 여긴다.

그러나 현실 속에서 남을 돕는 일은 결코 간단하지 않다. 나조차도 쓰임이 모자랄 때 남을 돕는다는 것은 쉽지 않다. 그래서 나는 먼저 자신이 잘되는 것이 출발점이라고 생각한다. 나만 잘되면 이기적이라는 말을 들을 수도 있다. 하지만 내가 잘되어 많은 것을 쓰고 나누게 되면, 그 영향이 거미줄처럼 퍼져나가 주변에도 긍정적인 변화를 일으킨다. 돈을 많이 버는 사람이 더 많이 쓰면 가게도, 일하는 사람도, 사회도 살아난다. 이는 세상 모든 존재가 이어져 있다는 사실을 잘 보여준다.

반대로 모든 사람이 가난에 묶여버린 사회를 떠올려보면, 그 결과는 절망적이다. 아무도 기회를 갖지 못하고, 아무리 노력해도 결과가 없는 사회에서는 모두가 가난해질 수밖에 없다. 노력하는 자에게 기회가 주어지고, 그 기회를 통해 나아갈 수 있는 사회야말로 가장 공평한 세상이다. 노력하지 않고도 잘되는 세상은 존재하지 않는다. 반대로, 노력해도 오르지 못하는 세상은 불공평하다. 그러니 중요한 것은 노력할 기회를 누구에게나 주는 것이다.

현대 사회를 보면 여전히 완전한 공평함은 없다. 부유한 가정에서 태어나 더 많은 기회를 가지는 이들도 존재한다. 그러나 그들도 결국은 더 열심히 공부하고 노력하지 않으면 살아남을 수 없다. 예전에는 '개천에서 용 난다'는 말이 자주 쓰였지만, 요즘은 돈이 있는 사람들이 더 치열하게 노력해 결국 성취를 이루는 경우가 많다. 세상은 점점 더 공평해지고 있다고 느낀다. 노력하지 않으면 누구도 오래 버틸 수 없는 시대가 된 것이다.

한국 사회 역시 불완전하지만, 그래도 기회의 땅이라 할 수 있다. 자유와 행복을 누릴 수 있고, 노력하면 적어도 기본적인 삶을 유지할 수 있다. 물론 집, 직장, 가족 등 모든 것을 다 갖추는 것은 쉽지 않다. 그러나 많은 사람들이 그 목표를 향해 노력하는 한, 한국은 앞으로 더 발전할 것이다. 욕심을 가진다는 것은 단순히 이기적이라는 뜻이 아니라, 더 나은 삶을 위해 끊임없이 도전하고 발전하려는 의지라고 할 수 있다.

결국 세상은 노력하는 사람에게 보상을 주고, 그 노력이 개인을 넘어서 사회를 변화시킨다. 나의 발전이 곧 다른 사람의 삶을 나아지게 하고, 그들이 다시 사회를 키워가는 것이다. 그 과정에서 우리는 더 공평하고 발전된 세상에 다가갈 수 있다. 노력은 곧 행복의 밑걸음이며, 공평한 세상을 만드는 가장 중요한 열쇠다.

5부

지금의 나로
살아가기까지

허무와 여유
사이에서

오늘도 해가 졌다. 또 하루가 지나갔다. 세월은 흐르고, 삶은 내 노력을 기다려주지 않는다. 어떤 이들은 하루가 너무 짧다고 한다. 그들은 오늘이라는 시간 안에 할 수 있는 걸 최대한 하려 하고, 눈을 비비며 버텨가며 살고 있다. 반면 나는, 아무것도 하지 않은 채 또 하루를 흘려보냈다. 열흘을 쉬었고, 앞으로도 쉴 예정이다. 이상하게도, 나는 시간이 흐르는 걸 불안해하기보다 오히려 안도 한다. 마치 내가 해야 할 일을 잠시 미뤄둔 것에 대한 면죄부라도 받은 듯이.

요즘 학생들은 하루에 네 시간, 다섯 시간만 자며 공부한다고 한다. 그런데 나는 쉴 때면 오히려 더 아무것도 하지 못한다. 그냥 멍하니 음악을 듣거나, 텔레비전을 보거나, 커피 한 잔을 홀짝이며 시간을 보내고는 한다. 혼자 여행을 다니는 사람들도 있다지만, 나는 그런 것도 싫다. 그냥 해가 지는 걸 바라보며 하루를 마무리하는 게 더 익숙하다.

그런데 문득 든 생각이다. 이렇게 시간이 많은데 나는 왜 아무것도 하고 있지 않을까? 노는 것도 피곤하다지만, 그래도 일이 없다는 건 이상하게도 싫지는 않다. 월급은 여전히 나오고, 누가 나에게 책임을 묻지도 않는다. 한편으론 감사한 일이다. 하지만 동시에, 이 여유를 그저 흘려보내는 내가 조금은 한심하게 느껴지기도 한다.

뭔가 창조적인 일을 해보면 어떨까 싶어 노래를 만들어본 적도 있다. 무려 열일곱 곡이나 만들었지만, 그것들은 어딘가 쓸모가 없어 보인다. 또 만든다 한들 무엇에 쓰일까 싶다. 괜히 허무해진다. 돈이 좀 있었다면 그걸로 뭔가 의미 있는 걸 해볼 수도 있었을까. 창조에는 돈이 든다. 그리고 나는 돈을 쉽게 쓰지 못한다. 돈이 삶의 전부는 아니지만, 없이는 또 아무것도 할 수 없다는 걸 잘 알고 있다.

어떻게 사는 것이 '노력하는 삶'일까. 부처님은 양반다리로 앉아 명상을 통해 세상의 이치를 깨달았다고 한다. 아무것도 하지 않으며, 오히려 모든 것을 깨달은 것이다. 나는 아직 그런 경지에는 도달하지 못했다. 그저 음악을 듣고, 텔레비전을 보며, 타인의 삶 속에서 무언가를 깨달으려 애쓴다. 가끔은 그것만으로도 어떤 교훈을 얻기도 한다. 나보다 낮은 삶을 사는 사람들을 보며 감사함을 느끼기도 하고, 왕이나 지도자들의 이야기를 들으며 나의 위치를 다시 돌아보기도 한다.

무언가를 하지 않아도, 삶의 의미를 찾을 수 있다면, 그것도 올바른 삶일 수 있지 않을까. 고행을 통해, 혹은 아무것도 하지 않음 속에서. 중요한 건 남에게 해를 끼치지 않고, 나만의 방식으로 살아가며 인생의 무언가를 '깨닫는' 것 아닐까 싶다. 그렇게 생각하면 나의 이 한가한 삶도 그리 허무하지는 않은 것 같기도 하다.

문제는 결국 돈이다. 이놈의 인생, 왜 이리 돈, 돈, 돈일까. 인간의 삶은 결국 돈이라는 굴레에 갇혀 있다. 자식도, 아내도 없이 혼자 사는 나에게 돈은 어쩌면 허무함을 가려주는 유일한 방패인지도 모르겠다. 천국에 가야 비로소 돈이 전부가 아님을 알게 될까. 천국이 있는지는 모르겠지만, 그래도 믿고 싶다. 믿음이 없이는 버티기 힘든 날들이 있다. 어차피 인간의 삶엔 한계가 있다. 허무한 이 세상 속에서, 그래도 행복했으면 좋겠다. 그리고, 조금은 노력했으면 좋겠다.

늙어서
후회하지 않기 위해,
지금 해야 할 일

우리는 모두 행복한 삶을 꿈꾼다. 하지만 인생이 늘 행복할 수는 없기에, 때로는 고되고 지치는 순간을 견디며 행복을 향해 나아가야 한다. 아무리 멋지게 살고자 애써도 결국 인생은 빈 껍데기처럼 느껴질 수 있다. 그렇기에 더욱 우리는 지금 이 순간을 어떻게 살아가야 할지를 진지하게 고민해야 한다.

나이가 들면 비로소 보이는 것들이 있다. 그동안 살

아온 시간의 무게, 지나온 선택들의 결과, 그리고 그 모든 것들이 만들어낸 현재의 내 모습. 우리는 그때를 후회 없이 맞이하기 위해 지금이라는 시간을 정직하게 살아내야 한다. 아름다운 삶이란 거창한 업적이나 화려한 순간만으로 이뤄지는 게 아니다. 오히려 사소해 보이지만 성실히 쌓아온 시간들, 그 속에서 얻은 좋은 기억들이 나중에 큰 의미로 남는다.

좋은 기억은 그냥 생기지 않는다. 무언가를 해내기 위해 노력한 끝에 오는 성취의 기쁨, 그것이야말로 시간이 지나도 잊히지 않는 가치다. 그래서 인간은 노력해야 하는 존재이다. 아무것도 하지 않고 가만히 있기보다, 매일 조금씩이라도 자신만의 의미 있는 삶을 꾸려가는 것이 중요하다. 결국 나이 들어 존경받는 삶과 외면받는 삶의 차이는 젊은 날의 선택과 태도에서 비롯된다.

사람들은 말한다. "젊어서 개같이 벌고, 늙어서는 정승같이 써라"고. 물론 이 말이 돈만을 의미하는 것은 아닐 것이다. 진짜 중요한 것은 젊었을 때 어떻게 살았는가, 어떤 가치로 시간을 보냈는가다. 돈은 중요하지만 전부는 아니다. 시간이 지나면, 묵묵히 한 가지 일에 집중한 사람에게는 자연스레 보상이 따라온다. 시작부터 큰돈을 벌겠다는 생각은 오히려 성장을 저해하는 지나친 욕심일 수 있다.

시간과 돈, 노력은 결국 비례한다. 젊을 때는 그 사실을 깨닫기 어렵다. 그저 빨리 성공하고 싶은 조급함이 앞설 뿐이다. 하지만 나이가 들수록 알게 된다. 내가 흘린 땀, 견뎌낸 시간, 포기하지 않은 노력이 결국 내 인생을 결정짓는 가장 소중한 자산이라는 것을. 늙었을 때 행복하기 위해 필요한 건 결국 젊었을 적의 꾸준한 삶이다.

현재의 안락함에 머무르지 말고, 젊음을 낭비하지 않기 위해 매일을 성실히 살아야 한다. 후회는 반드시 시간이 지나고 나서야 찾아오는 법이니까. 아름다운 삶은 기다리는 게 아니라, 매일의 작은 성실함으로 직접 만들어가는 것이다. 지금 이 순간, 우리에게 필요한 것은 더 멋진 미래를 위한 작은 한 걸음이다.

신을 닮고 싶은 인간, 인간임을 잊지 말아야 할 이유

인간은 삶의 어느 지점에서 신을 찾는다. 두려워서든, 위로가 필요해서든, 혹은 삶의 의미를 묻기 위해서든. 그래서 우리는 종교를 갖는다. 그런데 바로 그 종교 때문에 싸우고 미워하고 갈라서는 일은 참으로 우스운 일이다. 하나님이든, 예수님이든, 부처님이든, 신의 이름을 들먹이며 다투는 모습은 어쩌면 신이 가장 슬퍼할 모습이 아닐까.

나는 기독교인이다. 나에게 신은 하나님이고 예수님이다. 하지만 그렇다고 해서 부처님을 폄하하거나 불교를 배척할 마음은 없다. 나는 부처님을 신으로는 믿지 않지만, 인간적으로 깊이 존경한다. 왜냐하면 그분의 삶이 인간의 한계를 넘어섰기 때문이다. 신이란 무엇인가. 단지 신의 이름을 내걸고 가르침을 전한 이가 아니라, 자신의 욕망을 절제하고, 고난을 견디며, 인간에게 올바른 길을 보인 존재여야 한다. 예수님도, 부처님도 그런 삶을 살았기에 사람들은 그들을 신처럼 여긴 것이다.

우리가 경계해야 할 것은, 인간의 이름으로 신을 자처하며 다른 이들을 착취하는 존재들이다. 돈과 힘, 지식을 쌓았다고 해서 그것이 존경으로 이어지는 것은 아니다. 그 힘을 이용해 자신의 사욕을 채우고, 자신을 메시아라며 약한 이들을 현혹하는 이들은 결코 신이 될 수 없다. 신은 고통과 유혹을 견디고, 삶을 내려놓으며, 인간을 위한 길을 선택한 존재다. 그래서 우리는 예수님과 부처님을 신이라 부른다. 그들의 삶은 성과 욕망을 멀리했고, 명예보다 진리를 따랐다. 고통 속에서도 흔들리지 않왔던 그 인내와 희생이 신의 조건이다.

물론 지금 시대에 예수님처럼 살라고 한다면, 그건 현실적으로 불가능한 일일지 모른다. 수천 년 전과 지금은 너무 다르다. 하지만 존경받고 싶은가? 그렇다면 적어도 사람들에게 해가 되지 않도록 살고, 가능한 한 올바른 삶의 방향을 가리킬 수 있어야 한다. 신은 더 이상 필요하지 않을지라도, 훌륭한 사람은 여전히 필요하다.

사람은 결국 인간이다. 인간임을 잊지 않고 사는 것, 그것이 가장 중요한 일 아닐까. 힘과 돈, 명예가 아닌, 절제와 진심, 그리고 올바른 삶으로 말하는 이들이 많아질 때, 그 사회는 비로소 더 나은 방향으로 나아갈 수 있다. 우리가 신이 될 수는 없지만, 존경받을 만한 인간은 충분히 될 수 있다. 그것이면 충분하지 않을까.

누가 누구를
선택하는가에
대하여

'렛미인'은 많은 사람들의 삶을 바꾼 프로그램이다. 단순히 외모를 바꾸는 것이 아니라, 자존감과 사회적 관계, 나아가 인생 전체를 변화시키는 기회를 제공해준다. 사람들은 이 프로그램을 보며 눈물짓고, 응원하고, 감동받는다. 수많은 출연자들이 외모로 인해 겪은 상처를 치유받고, 다시 자신 있게 사회로 나아가는 모습은 분명 아름답다. 그만큼 '렛미인'은 백점을 줘도 아깝지 않은 프로그램이다.

하지만 이 프로그램을 보다 보면 한 가지 납득하기 어려운 부분이 있다. 성형 전, 그간의 삶에 대해 고백하는 여성들 중 많은 이들이 결혼 후 남편으로부터 상처를 받아왔다. 외모가 변했다고, 출산 후 살이 쪘다고, 혹은 나이가 들었다고 무시당하고, 심지어 외도까지 당하는 경우도 적지 않다. 그런데 놀라운 것은, 그런 남편들이 결코 성실하거나 책임감 있는 삶을 사는 것도 아니라는 점이다. 경제적으로도 부족하고, 가정에 헌신하지도 않으면서, 정작 더 나은 사람인 양 행동하는 이들의 태도에 의문이 든다.

세상에는 분명 좋은 남성들이 있다. 결혼을 원하고, 성실히 가정을 꾸릴 준비가 되어 있는 사람들. 그런데 오히려 그런 사람들은 결혼조차 어려워하고, 인연을 만나지 못하는 경우가 많다. 왜일까? 우리는 언제부턴가 외모와 조건, 표면적인 요소들로만 사람을 판단하는 데 익숙해졌고, 그 기준이 삶의 방향까지 결정짓게 되었다.

사람을 만나는 일, 사랑하는 일은 단순한 선택의 문

제가 아니다. 그것은 '어떤 사람과 함께 살아가고 싶은가'라는 깊은 질문의 답이어야 한다. 그런데 때로는 그 질문에 충분히 귀 기울이지 않고, 주변 시선이나 순간의 감정에 이끌려 잘못된 관계를 선택하기도 한다. 그 결과, 상처받고 다시 삶을 되돌려야 하는 과정을 거치는 것이다.

'렛미인'이 주는 가장 큰 교훈은 단지 외모의 변화가 아니라, 자기 자신을 다시 믿게 만드는 일이다. 그리고 그 변화는 타인의 진심 어린 존중과 만났을 때 비로소 더 깊은 의미를 지닌다. 결국, 외모보다 중요한 것은 서로를 바라보는 태도다. 존중과 배려가 없는 관계는 어떤 외적 조건으로도 건강할 수 없다.

여성이든 남성이든, 사람을 선택할 때 가장 중요한 기준은 함께하는 시간 속에서 서로를 존중할 수 있는가이다. 겉모습보다 내면의 깊이와, 역경 속에서도 함께할 수 있는 사람이 진정한 선택 기준이 되어야 한다. 외면은 바뀔 수 있어도, 삶을 함께 견뎌낼 수 있는 마음은 쉽게 만들어지지 않기 때문이다.

세상은 여전히 이상한 선택들로 가득하다. 하지만

'렛미인' 같은 프로그램이 그 가운데서도 따뜻한 가능성을 보여준다는 점에서, 우리는 희망을 잃지 않아도 된다고 생각한다. 누군가의 인생을 바꾸는 일이 가능하다는 것, 그리고 그 변화는 더 나은 사람을 만나야만이 아니라, 자신을 다시 사랑하게 되는 순간부터 시작된다는 사실을 기억하길 바란다.

자유와 배움, 그리고 인간다운 삶의 조건

어린 왕자의 이야기 속에는 단순한 판타지를 넘어, 인간과 권력, 그리고 존재의 의미를 돌아보게 하는 묵직한 메시지가 담겨 있다. 작은 별에 홀로 앉아 명령을 내리는 왕, 그에게 유일한 신하는 어린 왕자 한 명뿐이다. 왕은 왕이지만 백성이 없다. 그 모습은 우리 현실 속의 어떤 체제를 떠올리게 한다. 권력은 국민이 존재할 때 비로소 그 의미를 갖는다. 국민 없는 권력은 공허할 뿐만 아니라 위험하기까지 하다.

북한이라는 나라가 그렇다. 탈북자에 대한 처참한 대우, 주민의 자유를 억압하는 방식은 국민을 위한 국가가 아닌 권력을 위한 국가를 보여준다. 그 안에 사는 사람들은 국가의 품이 아니라 감옥 안에 있는 셈이다. 진정한 나라는 국민이 주인이 되는 나라다. 자유롭게 떠날 수 있고, 스스로의 삶을 선택할 수 있어야 나라라고 부를 수 있다.

이와 대조적으로, 한국은 배움의 가치를 일찍부터 소중히 여겨왔다. 비록 조선시대에는 신분에 따라 교육이 제한되었지만, 서구 문물이 들어오며 누구나 공부할 수 있는 길이 열렸다. 그것이 한국 발전의 시작이었다. 가난했던 한국이 지금 이만큼 성장할 수 있었던 것은 바로 어린아이들에게 '공부할 수 있는 자유'를 준 데 있다.

공부는 단순히 시험을 잘 보기 위한 수단이 아니다. 인간이 어른이 되어 제대로 일할 수 있도록, 사회와 소통하고 이해하고 살아가기 위한 기초를 다지는 과정이다. 한글을 배우는 건 생각을 나누기 위해, 수학을 배우는 건 문제를 풀기 위해, 음악을 배우는 건 삶의 여유와 감성을 지키기 위해서다. 인간은 기계가 아니다. 일만 하며 살 수는 없다. 우리는 감정을 표현하고, 즐기고, 나누며 살아가는 존재다.

그렇기에 경제는 단순한 생산과 소비가 아닌, 인간의 삶 그 자체와 연결된다. 우리가 돈을 벌고 쓰는 일, 먹고 입고 즐기는 모든 활동은 인간다운 삶을 위한 과정이다. 그리고 그 모든 것의 바탕은 '자유롭게 배우고, 자유롭게 선택할 수 있는 삶'이다.

물론 지금의 한국 사회에도 고민은 있다. 대학 진학률은 높아졌지만, 그만큼 중소기업을 기피하고 현장에는 사람이 부족하다. 모두가 고학력자가 되는 것이 과연 바람직한 일인가. 공부는 분명 중요하지만, 공부만이 유일한 길일 필요는 없다. 진짜 중요한 건, 자신의 길을 스스로 선택하고, 그 선택에 책임지는 삶이다.

우리는 알고 있다. 이 평범한 이야기 속에 삶의 진리가 담겨 있다는 것을. 자유, 배움, 일, 그리고 사람 사이의 관계. 그것들을 자연스럽게 누릴 수 있을 때, 인간은 비로소 인간답게 살 수 있다. 북한처럼 자유 없이 삶을 억압하는 체제는 결코 인간다운 삶을 보장할 수 없다. 배움이 막힌 사회는 결코 발전할 수 없다.

그래서 우리는 끊임없이 배워야 한다. 단지 더 나은 직장을 위해서가 아니라, 더 나은 인간으로 살기 위해서다. 그리고 그 배움은 곧 우리 사회를, 더 나은 방향으로 이끌어가는 힘이 된다. 자유롭게 배우고, 일하고, 선택할 수 있는 것. 그것이 우리가 지켜야 할 진짜 가치다.

대기업, 중소기업, 그리고 나라의 미래

요즘 세상 돌아가는 모습을 보면, 참으로 씁쓸하다. 공부로 성공하지 못하면 일로 삶을 개척해야 하는 것이 당연한데, 현실은 삼수, 사수, 공무원 시험, 대기업 입사 준비에만 매달리는 젊은이들이 넘쳐난다. 그들도 어쩌면 다른 길을 모르기 때문일 것이다. 하지만 모두가 같은 문만 두드리는 사회는 결국 문턱이 높아질 수밖에 없고, 탈락자는 늘어간다.

대기업은 돈을 쓸어 모은다. 세금도 많이 내고, 국가경제에도 기여한다. 분명한 공이다. 그러나 그 이면에는 부의 편중이 존재한다. 자본이 한곳에만 몰리고, 중소기업은 허덕이고, 국민은 학자금 대출에 시달린다. 결국 잘 벌지 못하는 사람들은 집은커녕 미래도 마련하기 어렵다. 여성과 청년들이 불안정한 선택을 강요받는 세상은 건강한 사회가 아니다.

대학을 나온들, 취업할 곳이 없다면 그 공부가 무슨 소용일까. 현실은 중소기업은 사람을 구하지 못하고, 청년들은 중소기업을 기피한다. 임금과 복지의 격차 때문이다. 모두가 대기업을 선호하지만, 자리는 한정되어 있다. 결국, 많은 젊은이들은 길을 잃는다. 중산층은 무너지고, 부의 격차는 더욱 벌어진다. 이대로 가면 국민은 돈을 쓸 여유를 잃고, 내수는 침체되며, 나라는 점점 더 빚더미에 올라설 수밖에 없다.

아파트는 많이 지었지만, 정작 살 수 있는 국민이 없다. 차는 사도 집은 못 산다. 전세가 오히려 현실적인 선택이 된다. 국민이 소비할 수 없는데, 경제는 돌지 않는다. 이 악순환의 끝은 어디일까. 대기업도 결국 이 흐름에서 자유로울 수 없다. 나라가 무너지면 기업도 존재할 수 없다. 그러니 지금, 이 문제에 대해 깊이 생각해야 한다.

중소기업을 살려야 한다. 대기업은 단순히 하청단가를 후려치는 것이 아니라, 중소기업의 기술력 향상을 위해 투자해야 한다. 그것은 곧 대기업 자신의 품질 경쟁력을 위한 길이며, 나아가 국가 경제의 지속 가능성을 위한 선택이다. 중소기업이 살아야 국민이 살고, 국민이 살아야 나라가 살아난다. 대기업이 지금 벌고 있는 그 돈은 결코 영원하지 않다. 그 돈은 국민과 중소기업이 흘린 땀에서 비롯된 것이기 때문이다.

진짜 부강한 나라는 대기업 몇 개가 잘나가는 나라가 아니라, 국민 모두가 기본적인 삶을 보장받는 나라다. 국민이 소비하고, 교육받고, 일할 수 있어야 한다. 그 자유와 여유가 있어야 사회는 건강하게 돌아간다. 지금처럼 국민들의 돈줄이 막히고 중소기업이 외면당하면 결국 나라 전체가 흔들리게 된다.

대기업은 자신만의 성을 쌓는 것에 만족할 것이 아니라, 기반을 함께 키워야 한다. 중소기업에 투자하는 것은 단지 한 기업을 살리는 일이 아니라, 국민에게 투자하는 것이며, 결국 국가의 지속 가능한 미래에 투자하는 일이다. 대기업이 이 사실을 조금 더 진심으로 이해하고 움직여 준다면, 우리 사회는 지금보다는 훨씬 더 건강해질 수 있을 것이다.

북한보다 낫다고 만족할 수는 없다. 우리는 더 나은 사회를 꿈꿔야 한다. 국민이 존중받고, 모두가 기회를 가질 수 있는 나라. 그 출발점은 거대한 기업들의 책임 있는 선택에서부터 시작된다.

즐겁게 일한다는 것의 의미

우리는 누구나 일을 한다. 생계를 위해, 가정을 위해, 때로는 자신을 위해. 하지만 일을 대하는 마음은 사람마다 다르다. 누군가는 돈을 생각하며 무겁게 일하고, 누군가는 작은 보람 하나로 하루를 견딘다. 분명한 건, 돈만을 기준으로 삼는다면 이 세상에서 즐겁게 일할 사람은 많지 않을 것이라는 사실이다.

월급이 적다고 불평만 한다면, 일할 수 있는 곳은 점점 줄어들 것이다. 모든 직장이 완벽하지 않고, 모든 보상이 기대만큼 돌아오지는 않는다. 하지만 일을 대하는 태도는 스스로가 정할 수 있다. 억지로, 마지못해 하는 일은 마음을 피폐하게 만들지만, 즐거운 마음으로 임한 일은 같은 노동이어도 깊은 성취감을 남긴다. 나 역시 월급은 많지 않지만, 항상 배운다는 마음으로 일한다. 새로운 일을 해냈을 때 느끼는 뿌듯함은 돈 이상의 기쁨이다.

스님 한 분이 말했다. "일에 얽매이지 말고, 즐거운 마음으로 하라." 억지로 끌려가듯 하는 일에는 보람이 없다. 그래서 배운다는 마음, 성장하고 있다는 마음이 중요하다. 일은 단지 반복 그 자체로 끝나는 것이 아니다. 반복 속에서도 배움은 있고, 실수 속에서도 성장의 기회는 있다. 물론 실수를 반복하거나, 잘못된 결과로 다시 처음부터 시작해야 할 때는 힘이 빠지기도 한다. 하지만 그조차도 경험이 되고, 나중에는 더 단단해지는 밑거름이 된다.

가끔은 정말 하기 싫은 일도 있다. 그런 순간에도

"어차피 해야 할 일이라면 즐겁게 하자"고 마음을 다잡으면 의외로 일이 쉽게 풀릴 때도 있다. 싫은 일을 견디고 해냈을 때 오는 후련함은 아무것도 하지 않고 넘긴 하루의 허무함보다 훨씬 낫다. 많은 사람들이 일을 포기하는 결정적인 이유는, 바로 이 '하기 싫은 순간'을 넘기지 못해서일 것이다.

돈은 노력의 대가지만, 그 자체가 목적이 되면 일은 고통이 된다. 돈은 결코 거저 생기지 않는다. 고된 시간을 이겨냈을 때 비로소 돈은 의미 있는 보상이 되고, 그 안에 보람이 생긴다. 세상은 단순히 만족만 하고 살아갈 수 있는 곳이 아니다. 노력은 고되기에 '노력'이라 불리는 것이다. 열심히 하다 보면 언젠가는 누군가가 알아봐 주고, 조금씩 보상도 따라올 것이다.

결국 중요한 건 마음가짐이다. 일이 주는 고됨을 어떻게 받아들이느냐, 그것에 따라 삶의 방향이 달라진다. 돈보다 앞서는 가치, 바로 즐거움과 보람이다. 이 두 가지를 품고 일하는 사람은 어떤 일이든 끝내 해내고야 만다. 그리고 그런 사람의 삶은 결코 헛되지 않다.

반복은
삶의 본질이다

우리는 살아가며 수없이 많은 반복을 마주한다. 아침에 일어나고, 밥을 먹고, 일터로 향하고, 다시 잠드는 그 모든 과정이 반복이다. 물건을 만들 때도, 기술을 익힐 때도, 공부를 할 때도 반복은 필연적이다. 그저 한 번의 시도로 완성되는 것은 세상에 거의 없다. 모든 성취는 수많은 반복을 통해서야 비로소 이루어진다.

하지만 우리는 본능적으로 반복을 좋아하지 않는

다. 똑같은 일을 여러 번 해야 한다는 것에서 피로감과 권태를 느끼기 쉽다. 지루하고, 때로는 무의미하게 느껴지기도 한다. 그러나 역설적으로, 반복 없이는 아무것도 얻을 수 없다는 사실 또한 분명하다. 반복은 단순한 반복이 아닌, 배움과 성장, 완성을 향한 끊임없는 진보의 여정이다. 그 안에 성장이 있고, 진보가 있다.

어떤 꿈을 이루고자 할 때도 마찬가지다. 단번에 이루어지는 꿈은 없다. 우리는 같은 연습을 수없이 반복하며 전문가가 되어간다. 실수하고, 실패하고, 다시 시도하는 이 일련의 흐름 속에 진짜 배움이 있다. 반복은 실패를 견디는 인내이자, 끝까지 해내고자 하는 의지의 또 다른 표현이다.

돈을 버는 일도, 공부도, 새로운 기술을 익히는 일도 모두 반복에서 시작된다. 처음에는 서툴고 어렵지만, 계속하다 보면 익숙해지고, 익숙해짐은 결국 능력으로 바뀐다. 반복은 시간과 노력을 요구하지만, 그 끝에는 늘 새로운 무언가가 기다리고 있다.

물론 반복은 때로 지겹고 괴로운 일이다. 하지만 우

리가 반드시 기억해야 할 것은, 반복을 통해 무언가를 성취했을 때, 인간은 비로소 깊은 행복을 느낀다는 점이다. 자신이 해낸 것에 대한 자부심, 그리고 그 안에서 얻는 의미와 성장은 반복이라는 길을 지나야만 얻을 수 있다.

결국, 반복은 인간 삶의 본질이다. 우리는 매일의 반복 속에서 살아가며, 조금씩 나아간다. 그러니 반복을 두려워하지 말자. 그것이 곧 꿈을 향한 발걸음이고, 성장의 증거이며, 인생을 빛나게 하는 과정이기 때문이다. 반복을 견딘 자만이 마침내 자신만의 무언가를 완성하게 된다.

바다 속,
삶의 경계를
넘다

울릉도에서의 하루는 내 인생에서 잊을 수 없는 경험을 선물해주었다. 나는 수영을 전혀 하지 못하는 사람이다. 그래서 스쿠버 다이빙 같은 건 평생 나와는 상관없는 일이라 생각했다. 그런데 어느 순간, 호기심과 용기가 내 마음을 움직였다. 바다에 들어가 보자. 한 번쯤은 그 푸른 세계를 직접 눈으로 보고 싶었다.

처음 장비를 착용하고 물속으로 들어가기 전, 솔직

히 겁이 났다. '혹시 숨을 못 쉬면 어떡하지?', '내가 수영도 못하는데 괜찮을까?'라는 생각이 머리를 스쳤다. 하지만 막상 물속에 들어가 보니, 그 모든 걱정은 잠시였다. 장비만 제대로 착용하고, 선생님 말씀대로 천천히 숨을 쉬기만 하면 되었다. 바닷속은 상상 이상이었다. 그 깊고 푸른 공간은 낯설고 두려우면서도 동시에 짜릿했다. 삶과 죽음의 경계를 스치는 기분, 아찔하면서도 살아 있음을 실감하는 순간이었다.

물속에서 보낸 25분은 충격이었다. 아름답고 고요한 그 공간에서 나는 오히려 살아 있음을 더 절실히 느꼈다. 수면 위로 올라온 순간, 제일 먼저 떠오른 감정은 "내가 살아 있구나"라는 강한 실감이었다. 비로소 내가 이 세상에 있다는 걸 온몸으로 느꼈다. 그것만으로도 충분히 값진 경험이었다.

물론 준비 없이 도전했다면 절대 이 감동을 느낄 수 없었을 것이다. 스쿠버 다이빙은 장비 착용뿐 아니라 귀의 압력을 조절하는 법, 호흡을 유지하는 법 등 선생님의 지시를 정확히 따라야만 한다. 나는 6미터 가까이 내려

갔는데, 귀가 아프기 시작했다. 그때 가장 중요한 건 바로 코를 막고 바람을 귀 쪽으로 천천히 보내는 기술이었다. 그것을 하지 못하면 아예 내려가지도 못한 채, 체험비만 날리게 된다.

한 번의 도전이 십만 원. 누군가는 비싸다고 할 수도 있다. 하지만 내가 느낀 감동과 삶의 전율을 생각하면, 그것은 돈으로 환산할 수 없는 가치였다. 바닷속은 단지 물고기들이 헤엄치는 곳이 아니라, 내가 몰랐던 또 하나의 세상이었다. 그 바닷속에서 나는 '도전'의 진정한 뜻을 깨달았고, 존재의 깊이를 온몸으로 체험했다.

그러니 망설이지 말고 한 번쯤 도전해보자. 울릉도의 바다 속은 정말 끝내준다. 제대로 준비하고, 끝까지 해내겠다는 마음만 있다면, 그 짧은 잠수 한 번이 평생 잊지 못할 이야기가 되어줄 것이다. 그리고 당신도 물속에서 올라오는 순간, 이렇게 말하게 될 것이다.

"살았구나."

내 인생,
멋지게
살고 싶다면

세월이 꿈처럼 흘러간다. 어제 시작된 것만 같던 휴가도 어느새 끝자락에 닿았다. 내일 하루를 쉬고 나면 다시 일상으로 돌아가야 한다. 짧지만 강렬한 휴가였다. 특히 울릉도에서 보낸 시간은 마치 아름다운 꿈 같았다. 그 꿈 같은 시간을 보내고 나니, 다시금 마음을 다잡게 된다. 이제 또 열심히 일해야지. 또 열심히 돈을 벌어야지. 그렇게 남은 날들을 준비하며 살아가야 하지 않겠는가.

즐거울 땐 마음껏 즐기고, 힘들 땐 온 힘을 다해 견디며, 인생을 멋지게 만드는 것. 그게 진짜 삶 아닐까. 비록 매일 반복되는 일상 속에서 돈을 벌기 위해 일하지만, 그 열심이 곧 인생을 행복하게 만드는 열쇠다. 가진 것이 많지 않아도, 어떻게 살아가느냐에 따라 인생은 충분히 멋질 수 있다.

　　노력하는 삶이 아름다운 이유는 단순히 돈을 벌기 때문이 아니라, 그 돈을 멋지게 쓰기 위해서다. 물론 돈이 전부는 아니다. 하지만 분명한 것은, 내가 나 자신을 위해 어떻게 쓰느냐가 더 중요하다는 것이다. 진정한 소비는 나를 더 즐겁고 더 의미 있게 만드는 방향이어야 한다. 평소에는 절약하며 돈의 무서움을 알고, 열심히 일해 집을 사고, 언젠가는 차도 사고, 그런 하나하나의 성취가 결국 행복을 저축하는 삶이 아닐까.

　　돈을 버는 이유는 단지 소비를 위해서가 아니라, 미래를 위한 준비이기도 하다. 앞날을 위해 모으는 일 또한 결코 잊어서는 안 된다. 돈이 있어야 새로운 세상에 도전할 수 있고, 그 도전 속에서 느끼는 짜릿함은 정말 죽여

준다. 무섭다고 아무것도 하지 않으면, 결국 즐거움도 없다. 그러니 두려움 속에서도 도전하며, 세상의 즐거움을 마주해야 한다.

나는 아직 많이 가진 것은 없지만, 그다지 멋진 삶이라고는 말 못할지도 모르지만, 후회는 없다. 왜냐하면 나라는 존재가 내 삶의 주인이기 때문이다. 인생에서 가장 중요한 사람은 바로 나다. 내가 나를 주인으로 여기고 나의 삶을 선택할 때, 진짜 행복이 시작된다. 나 자신이 행복해야 비로소 내 삶도, 그리고 나를 둘러싼 사람들의 삶도 행복해질 수 있다.

늙는다는 건 피할 수 없는 일이다. 하지만 추억은 남는다. 젊음은 흘러가지만, 그 안에서 어떤 삶을 살았는지, 어떤 선택을 했는지는 오래도록 내 안에 남는다. 쓸모 없는 몸이 될지라도, 내가 남긴 삶의 태도가 누군가의 마음에 남고 누군가의 눈물을 이끌어낼 수 있다면 그 삶은 분명 멋진 인생이었다고 말할 수 있다.

그런 인생을 살기 위해 오늘도 나는 열심히 살아간다. 내 인생의 주인은 바로 나. 누구보다 멋지게, 누구보다 뜨겁게, 나는 오늘도 내 인생을 살아낸다. 그리고 자신 있게 말한다. "내 인생, 멋집니다."

삶은 무게가 아니라 방향이다

우리는 모두 각자의 짐을 지고 이 세상을 살아간다. 누구도 쉬운 삶을 살아가는 것은 아니다. 겉보기에는 평온해 보여도, 누구나 속에는 고유한 고단함과 무게를 품고 있다. 어떤 이는 돈이 부족해 삶이 힘겹고, 어떤 이는 배움의 길에서 좌절을 맛본다. 삶이 힘들지 않은 사람은 없다. 다만 그 무게가 각자 다를 뿐이다.

그런데 같은 무게를 지고도 웃으며 사는 사람이 있

다. 도대체 그들은 어떻게 그런 마음을 가질 수 있을까. 자세히 들여다보면, 그들의 삶에는 분명한 이유가 있었다. 누군가는 굳건한 신앙을 가지고 있고, 누군가는 삶을 긍정적으로 바라보는 힘을 갖고 있다. 믿음이라는 것은 단지 종교에 국한된 개념이 아니다. 그것은 자신을 지탱해주는 내면의 뿌리이고, 인생의 폭풍 속에서 흔들리지 않게 해주는 닻이기도 하다.

사람은 참 묘하다. 같은 현실에서도 어떻게 생각하느냐에 따라 삶의 질이 완전히 달라진다. 불행한 상황에서도 감사할 수 있는 사람은 결국 행복에 더 가까운 사람이 된다. 삶의 무게를 없앨 수 없다면, 그것을 견디는 방식은 분명 바꿀 수 있다. 그래서 나는 긍정적인 마음이야말로 인생에서 가장 소중한 재산이라고 믿는다.

종교 역시 그런 마음의 버팀목이 되어줄 수 있다면 충분히 아름답다. 기독교든 불교든, 그 이름이 무엇이든 간에 사람에게 용기와 위로를 주고, 스스로를 소중히 여기게 만든다면 그것이 바로 '나에게 맞는' 종교일 것이다. 다만, 모든 종교가 아름답지만은 않다는 사실도 우리는 알아야 한다. 현실을 부정하고, 천국을 빌미로 사람들의 삶을 뒤흔드는 잘못된 믿음은 오히려 삶의 가치를 훼손한다. 이 세상을 부정한 채 다음 세상만을 말하는 신념은 사람을 살리는 믿음이 아니다.

나는 항상 말하고 싶다. 이 세상에서의 삶이야말로 소중하다는 것을. 자신을 아끼고 사랑할 줄 알아야 인생도 아름다워진다. 한 사람이 행복하면, 그 여운은 자연스럽게 주변 사람들에게 전해진다. 우리는 거미줄처럼 서로 얽혀 있는 존재다. 거미줄처럼 얽혀 있는 세상 속에서 나 하나의 변화가 사회 전체에 영향을 줄 수 있다는 사실을 잊지 말아야 한다.

국민 한 사람 한 사람이 잘되면, 결국 그 혜택은 다시 나라로 돌아온다. 국민을 잘 가르치고, 일한 만큼 대가를 보장해주는 사회는 시간이 지나면 강한 나라가 된다. 물론 모두가 성공할 수는 없다. 하지만 최소한 노력하는 사람에게는 희망이 보장되는 사회여야 한다. 그것이 우리가 지향해야 할 이상적인 나라다.

노력, 시간, 반복. 이 모든 건 우리를 괴롭히는 것이 아니라, 우리를 행복으로 이끄는 길이다. 세상은 완벽하지 않지만, 우리가 더 나은 방향으로 나아갈 수 있다는 사실 하나만으로도 삶은 충분히 의미 있다. 그러니, 우리 모두 각자의 자리에서 꾸준히 노력하자. 삶의 무게를 이겨내는 힘은 결국, 바로 우리 안에 있으니까.

새로운 것을 향한
인간의 본능

인간은 본래 새로운 것을 좋아한다. 새로운 문제를 풀었을 때, 새로운 장소를 여행했을 때, 이전에 경험해보지 못한 것을 마주했을 때 우리는 특별한 기쁨을 느낀다. 그 짜릿한 순간은, 우리 안에 내재된 '탐험의 본능'이 깨어나는 증거인지도 모른다. 인류는 오랜 시간 동안 그 본능을 따라 문명을 일구고, 과학을 발전시키며, 삶의 방식을 끊임없이 바꾸어 왔다.

하지만 모든 이가 새로운 것을 선뜻 받아들이고 시도하는 건 아니다. 대부분의 사람들은 익숙한 일상, 안정적인 반복 속에서 살아간다. 일터에서 정해진 일을 하고, 정해진 시간에 쉬고, 반복된 하루를 보내는 사람들. 그들도 때로는 '새로운 것'에 대한 갈망을 느끼지만, 두려움이나 제약 때문에 그걸 실천하지 못할 뿐이다.

울릉도에서 나는 스쿠버 다이빙을 처음 해보았다. 수영도 못하는 나였기에 망설였고, 포기할 뻔했지만, 형의 권유에 용기를 내어 도전했다. 장비를 착용하고 깊이 6미터까지 들어갔을 때, 처음에는 두려움이 엄습했지만, 막상 해내고 나니 그 기분은 이루 말할 수 없이 짜릿했다. 물속에서 나와 하늘을 바라보았을 때, 살아 있다는 느낌이 더 강하게 와닿았다. 아마 세계 기록에 도전하는 사람들도 이와 비슷한 이유에서 다시 한 번, 또 한 번 도전을 이어가는 게 아닐까 싶다.

우리는 위대한 사람들의 이야기를 듣는다. 과학자, 의사, 운동선수, 발명가, 기업가… 그들은 인간의 한계를 넘어서는 사람들처럼 보이고, 우리는 그들을 존경하며

"대단하다"고 말한다. 그렇다면 왜 인간은 그 한계를 넘는 데 그토록 집착할까. 어쩌면 인간은 본능적으로 '신처럼 되고자 하는' 욕망을 품고 있는지도 모른다. 하나님께서 우리에게 그런 도전 정신을 허락하셨기에, 우리는 그 본성을 따라 나아가고 있는 것 아닐까.

물론 모두가 그렇게 위대해질 수는 없다. 세상의 대부분은 평범한 일상을 살아가는 사람들로 이루어져 있다. 회사에서 일하고, 가정을 꾸리고, 조용한 삶을 살아가는 이들. 하지만 그들이야말로 사회를 구성하는 근간이며, 그들의 삶 역시 의미 있고 소중하다. 그리고 그 평범함 안에도 분명 행복이 존재한다.

그럼에도 불구하고, 만약 당신이 '성공'을 꿈꾼다면, 하나는 확실하다. 목숨을 걸 만큼의 각오와 노력이 필요하다는 사실. 높은 자리에 오르려면 그만큼 치열하게 배우고, 견디고, 책임질 준비가 되어 있어야 한다. 단지 일이 힘들고 보수가 적다고 불평하기 전에, 나는 과연 그 일에 얼마나 진심을 다했는지, 그만큼의 자격을 갖추었는지 먼저 돌아보아야 한다.

이 세상에는 거저 되는 일이 없다. 결국 성공이란, 끊임없는 도전, 반복되는 연습, 그리고 멈추지 않는 배움의 자세 속에서 만들어지는 것이다. 그리고 그 과정 자체가, 인간이 가진 '새로운 것을 향한 갈망'을 증명하는 가장 아름다운 모습이기도 하다. 그러니 두려워하지 말고 한 걸음 내디뎌 보자. 어쩌면 당신의 '짜릿한 순간'은, 그다음 도전의 바로 앞에 기다리고 있을지도 모른다.

'그냥 웃지요'로는
바꿀 수 없는 현실

요즘 뉴스에 자주 오르내리는 군 내 따돌림 문제와 이른바 '관심 병사' 제도를 바라보며, 우리는 더 이상 이 문제를 '그냥 웃지요'로 넘길 수 없는 시대에 살고 있다. 병영에서의 고립과 소외, 반복되는 자살 사건은 단순히 개인의 약함이나 정신력 부족으로 치부할 수 있는 일이 아니다. 사회가 외면하고 방치한 그 틈에서 생긴 비극은, 너무 오래, 너무 자주 반복되어왔다.

관심 병사 제도는 원래 누군가를 특별히 보살피고 지켜보기 위해 생겼을 것이다. 하지만 현실에서는 그 이름이 오히려 또 다른 낙인이 되어버린다. 관심 병사라는 이유로 배제되거나, 함께하지 못하거나, 오히려 더 큰 감시와 소외를 받게 되는 경우가 적지 않다. '관심'이라는 말이 '방치'로, 또는 '특혜'로 오해되는 순간, 그 제도는 제 기능을 상실한다.

사람은 누구나 다르다. 체력이 다르고, 성격이 다르고, 감정의 민감함도 다르다. 모두가 같은 속도와 기준에 맞춰 움직일 수 없고, 맞춰야만 한다는 것도 위험한 발상이다. 누군가는 수영을 잘하고, 누군가는 물을 무서워한다. 누군가는 군 생활에 잘 적응하고, 누군가는 낯선 규율과 분위기에 숨이 막힌다. 이것이 결코 그 사람의 잘못은 아니다.

중요한 건, 그 다름을 받아들이고, 조율하고, 함께 가려는 의지다. 얼차려를 줄이자는 말이 아니다. 단지, 인간으로 대해달라는 이야기다. 되지 않는 것을 억지로 하게 하려다 오히려 사람을 망가뜨리는 일은 있어선 안 된다. 군은 공동체다. 함께 훈련받고, 함께 임무를 수행하는 공간이기에, 누군가의 고통을 외면한다면 결국 모두에게 짐이 된다.

더 심각한 문제는, 힘 있고 말 잘하는 사람이 약한 사람을 괴롭히는 걸 재미로 여기는 왜곡된 권력 의식이다. 이런 사람들이 오히려 '강인하다'는 이름으로 방치되곤 한다. 관심 병사로 봐야 할 대상이 어쩌면 이런 사람들일지도 모른다. 학교 폭력의 가해자였던 이들이 군에서도 또 다른 약자를 괴롭히는 경우가 있다는 점을 떠올려야 한다. 약한 이가 아닌, 누군가를 계속 괴롭히며 그로 인해 무너지는 이들을 만들어내는 강자의 폭력이야말로 우리가 경계해야 할 대상이다.

군은 특수한 조직이다. 그래서 더더욱 구성원 개개인의 마음을 잘 살피고 조정해야 한다. 단순히 명령과 복종만으로 사람을 움직일 수 없는 시대다. 우리는 이제 인간을 인간으로 보는 병영을 만들어야 한다. 약한 사람은 약한 대로, 강한 사람은 강한 대로, 그 다름을 조화롭게 안을 수 있는 공동체가 필요하다.

"그냥 웃지요."라는 말은 그동안 너무 많은 문제를 덮는 데 쓰였다. 하지만 그 말 뒤에는 늘 누군가의 눈물과 고통이 숨어 있다. 지금은 웃을 때가 아니라, 돌아볼 때다. 그 문제를, 그 사람을, 그 삶을. 사람은 사람답게, 군은 군답게, 이제는 정말 그렇게 바뀌어야 할 때다.

교복,
그 한 벌에 담긴
땀과 현실

요즘 교복 시장이 요동치고 있다. 정부는 교복이 비싸다며 가격 인하를 이야기하지만, 정작 교복을 만드는 사람들의 현실은 그리 단순하지 않다. 교복은 단순한 옷이 아니다. 수많은 체형을 아우르고, 디자인 하나 바뀌어도 민감하게 반응하는 학생들의 기호를 맞춰야 하며, 짧은 계절 안에 몰아치는 수요를 감당해야 하는 고도의 기술이 들어간 제품이다.

학생들의 체형은 단순히 키와 몸무게로 나눌 수 없다. 키는 작지만 체격이 큰 아이, 키는 크지만 팔다리가 유난히 긴 아이, 전형적인 체형부터 매우 마른 아이까지, 수십 가지 유형이 있다. 교복은 이 모든 체형을 만족시키기 위해 최소 수십 가지의 소매, 바지, 상의 사이즈로 나뉘며, 하나하나 정밀하게 맞춰 만들어진다. 그뿐인가. 메이커 브랜드처럼 몇 가지 대중 사이즈만 생산해도 잘 팔리는 것이 아니라, 중소 교복 업체들은 메이커에서 다루지 않는 특수 체형을 위해 더 다양한 라인업을 갖춰야 한다.

게다가 학생들의 눈높이는 한없이 높다. 디자인이 조금만 달라도, 색감이 약간만 어긋나도 "이건 메이커랑 다르다"며 외면당한다. 아이들에게는 '교복=브랜드'이기 때문이다. 방송 속 연예인이 입은 교복, 드라마 속 주인공이 입은 교복, 모두가 선망의 대상이다. 품질이 아무리 좋아도, 브랜드가 아니면 손이 가지 않는 것이다.

정부가 교복을 고가품으로만 보고 가격을 억제하려 드는 이유는 이해한다. 학부모들의 부담을 줄이고자 하는 취지는 옳다. 하지만 그 정책이 현장의 목소리를 외면한 채 속도전으로 밀어붙인다면, 교복 산업은 무너진다. 디자인 변경 한 번에 수천 장의 재고가 생기고, 그 재고는 아무 쓸모 없는 옷으로 전락한다. 한 벌 한 벌에 담긴 수개월의 땀과 노동, 기술과 자원이 허공으로 날아가는 셈이다.

교복은 철 따라 판매가 몰리는 특수 상품이다. 입학 시즌을 준비하기 위해선 적어도 반 년 이상 전에 작업에 들어가야 한다. 그런데 갑자기 정책이 바뀌면, 수개월 동안 밤낮없이 만든 제품이 단번에 '쓸모없는 물건'이 되어 버린다. 사업자 입장에서는 좌절일 수밖에 없다. 옷을 만든 만큼 세금도 냈는데, 그 옷이 팔리지 않으면 정부는 세금도 못 걷는다. 정책 하나로 낭비되는 건 옷뿐 아니라, 시간, 자원, 그리고 국가 재정이다.

교복은 결코 싸구려가 아니다. 몇십만 원 하는 고급 와이셔츠나 맞춤정장보다 비쌀 이유는 충분하다. 세탁을 견디는 내구성, 성장기 학생을 위한 활동성, 표준화된 품질과 디자인 유지까지. 그 안에 수많은 고민과 기술이 담겨 있다. 교복을 만드는 사람들 역시 단지 이윤만을 쫓는 게 아니라, 학생들의 단정한 모습과 학교생활의 일부가 되길 바라는 마음으로 일한다.

정부는 교복 정책을 바꿀 수 있다. 바꿔야 할 이유도 있을 것이다. 하지만 바꾸려면 그에 따르는 절차와 말미를 줘야 한다. 최소한 1~2년의 유예기간을 두고, 현장의 의견을 듣고, 그에 따라 정책을 실행해야 한다. 그래야 재고 없이, 낭비 없이, 누구도 눈물짓지 않는 변화가 가능하다.

교복 한 벌에는 단지 원단과 실만 있는 것이 아니다. 그것을 만드는 이들의 손끝, 시간, 기술, 땀방울이 들어 있다. 교복을 입는 학생도, 만드는 사람도, 그 한 벌을 통해 더 나은 교육 환경과 사회를 꿈꾸고 있다. 그 마음까지 고려해주는 정책이, 진짜 교육복지의 시작이 아닐까.

인간의 욕망과 신에 대한 그리움

이 세상은 극단으로 나뉘는 듯하다. 돈과 권력은 언제나 양극단을 향해 치닫는다. 삼백만 원을 벌면 사백만 원을 바라고, 높은 자리에 오르면 그 자리를 유지하거나 더 높은 무언가를 원한다. 대통령이 된 사람조차 임기가 끝난 뒤를 두려워한다. 인간의 욕망에는 끝이 없다. 그리고 그 끝없음은, 우리가 '신'이 아니기 때문에 가능한 일인지도 모른다.

돈과 권력은 때때로 신의 속성과 닮아 있다. 절대적인 영향력, 모든 것을 조절할 수 있다는 환상, 그리고 그 환상 속에서 생겨나는 오만. 그러나 인간은 신이 아니다. 그렇기에 아무리 많은 것을 가져도 더 가지고 싶고, 아무리 높이 올라가도 허무함을 느낀다. 인간은 결국 유한한 존재이기에, 그 유한함을 넘어보려는 욕망 속에서 끊임없이 몸부림친다.

신은 인간 앞에 실체로 존재하지 않는다. 그러나 인간은 언제나 신을 갈망해 왔다. 때로는 숭배하고, 때로는 닮고자 하며, 언젠가는 스스로 신이 되려는 상상을 한다. 모든 것을 뜻대로 할 수 있는 존재가 된다면, 인간의 욕망은 더는 허기지지 않을까. 그러나 그 순간, 어쩌면 세상의 마지막 날이 다가올지도 모른다. 신과 같은 인간이란, 더는 새로운 생명을 기다리지 않고, 오히려 오래된 세상을 무너뜨릴지도 모른다.

하지만 이 세상은 단지 욕망만으로 돌아가지 않는다. 지식은 오랜 시간에 걸쳐 축적된다. 여러 세대를 거쳐, 수많은 반복과 시행착오를 통해 우리는 지금의 문명에 도달했다. 신조차도 이 세상의 모든 것을 단숨에 창조할 수 없었을 것이다. 새로운 세상을 만들고자 한다면, 결국 다시 그 반복을 시작해야 한다. 그러니 신도 완전한 존재가 아니라, 반복과 지연 속에서 완성을 향해 가는 존재일지도 모른다.

이 점에서 인간은 신보다도 더 능동적인 존재다. 생각하고, 배우고, 실수하고, 또다시 시도하는 존재. 이 세상의 진정한 주인은, 처음에 만든 신이 아니라, 그것을 끊임없이 변화시키고 발전시키는 인간일지도 모른다. 신은 세상을 창조했지만, 그 이후의 모든 것은 생각하는 존재, 즉 인간의 몫이다.

삶은 결국 반복이다. 하루의 시작과 끝, 세대의 순환, 문명의 흐름도 모두 반복의 연속이다. 그 안에서 욕망은 불타오르고, 새로운 시도와 실수가 태어난다. 어쩌면 신이라는 존재도, 우리가 생각하는 절대자가 아닌, 욕망과 반복을 통해 스스로를 완성해나가는 존재일지도 모른다.

욕망은 인간의 본질이며, 어쩌면 신이 인간에게 남

긴 가장 강렬한 흔적일지도 모른다. 그렇기에 인간은 신을 닮고 싶어 하며, 동시에 신처럼 살아가는 길 위에서 끊임없이 고민하고, 고통받고, 성장한다. 어쩌면 이 모든 과정이, 우리가 진정한 주인으로서 이 세상에 존재하고 있다는 증거일지 모른다.

전문가와 박사,
노력의 끝에 서 있는
이름들

전문가가 되자는 말은 쉬워 보이지만, 그 길은 결코 가볍지 않다. 전문가란 어떤 사람을 일컫는가? 단순히 경력이 많다는 뜻일까? 아니면 기술을 잘 다룬다는 것일까? 전문가는 한 분야의 흐름을 꿰뚫고, 이론과 실전을 자유롭게 넘나들며 능숙하게 적용할 수 있는 사람이다. 마치 자신이 그 일을 만들어낸 것처럼, 기계든 프로그램이든 자신의 의지대로 움직이게 할 수 있는 사람. 그것이 진정한 전문가가 아닐까.

전문가가 되기 위해 필요한 첫걸음은 '머리'일지도 모른다. 빠르게 이해하고, 체계적으로 접근할 수 있는 능력은 분명 중요하다. 하지만 머리만으로는 부족하다. 더 중요한 것은 '반복'과 '끈기', 그리고 오랜 시간에 걸친 '몰입'이다. 전문가가 되기 위해서는 십 년, 혹은 평생을 그 일에 바쳐야 한다. 반복 속에서 실수를 줄이고, 매 순간 새로운 것을 배우며, 어느새 그 일의 구조와 흐름이 손에 잡히게 되는 것. 그때 우리는 '전문가'라 불릴 수 있다.

예를 들어, CNC 선반을 다루는 일을 생각해보자. 단순히 기계를 조작할 줄 아는 것만으로는 전문가라 하기 어렵다. 도면을 이해하고, 그 도면을 기반으로 어떤 가공이 필요한지 판단하고, 프로그램을 짜서 실제 제품을 만들 수 있어야 한다. 더 나아가, 도면만 보아도 어떤 제품인지, 그것이 어디에 쓰이는지를 알 수 있을 정도가 되어야 진짜 전문가다.

그렇다면 박사는 어떤 존재인가? 박사는 전문가보다 한 걸음 더 나아간 사람이라 할 수 있다. 단순히 주어진 것을 잘 해내는 데서 멈추지 않고, 더 나은 것을 위해 연구한다. 기존의 제품을 분석해, 더 좋은 성능을 가진 제품을 설계하거나, 동일한 성능을 가진 전혀 새로운 형태의 물건을 만들어낸다. 그들은 문제를 해결하는 데서 나아가, 문제의 본질을 바꾸는 사람들이다.

전문가는 자신의 기술로 돈을 벌고, 현장에서 능력을 발휘한다면, 박사는 그 기술을 발전시키고, 다음 세대를 위한 지식과 방법을 만들어간다. 박사에게는 연구실이 있고, 함께 지식을 공유하며 새로운 가능성을 만들어갈 제자들이 있다. 그들과 함께 더 크고 깊은 지식을 향해 나아가는 것이다. 물론, 전문가도 제자를 키울 수 있다. 다만 박사는 그것이 '본질'에 가깝고, 전문가는 '확장'에 가깝다.

두 직업 모두, 결코 쉽지 않다. 평생을 바쳐야 하고, 단지 열심히 한다고 해서 누구나 도달할 수 있는 길도 아니다. 그래서 전문가도, 박사도, 우리 사회에서 꿈같은 이름으로 남아 있다. 그 자리에 닿은 사람들은 그만큼 깊이 있는 노력과 시간을 흘려보낸 이들이다.

전문가든 박사든, 결국 중요한 건 그 자리까지의 여정이다. 깊이 파고들고, 끊임없이 배우며, 반복을 두려워하지 않는 태도. 그 안에 진짜 전문가의, 그리고 박사의 가능성이 숨어 있다. 그리고 그 길 위에 선 사람은 결국, 누구보다 자신 있게 말할 수 있을 것이다. "나는 이 일을 안다."고.

인생의 아름다움은
어디에서 오는가

우리는 삶을 어떻게 살아야 할까. 매일 반복되는 일상 속에서, 우리는 무엇을 아름답다고 느낄 수 있을까. 겉모습인가, 성취인가, 아니면 타인의 인정일까. 하지만 어쩌면 진정한 아름다움은, 그 모든 외형을 넘어선 '자신의 행복'이라는 감각 속에 숨어 있는 것은 아닐까.

    삶이 아름답다고 말하기란 쉽지 않다. 인생은 숨을 들이마시고 내쉬는 단순한 반복의 연속처럼 보이기도 한다. 하지만 그 반복 속에 끊임없이 맞서는 고통과 극복이 있기에, 우리는 살아 있음을 실감하고, 그 과정 속에서 어렴풋한 아름다움을 느끼게 된다. 인간은 힘든 순간을 견디고, 아픈 시간을 이겨낼 때 비로소 살아 있다는 것의 진정한 무게를 깨닫는다.

인생의 아름다움은 단순한 평탄함 속에 있지 않다. 오히려 인간의 위대함은 고통을 견디며 앞으로 나아가는 데 있다. 죽음이 모든 고통의 끝처럼 느껴지지만, 그 끝을 두려워하면서도 오늘을 살아가는 우리가 있기에, 인생은 여전히 찬란하다. 인간은 신이 아니기에 고통을 피하고 싶어 한다. 하지만 신의 지혜와 힘을 닮고자 하는 마음은, 인간을 끝없이 발전하게 만든다.

과학과 의학은 바로 그런 마음에서 태어났다. 인간은 자신의 한계를 넘기 위해 연구하고, 더 나은 세상을 만들기 위해 달려간다. 어떤 이는 말로 세계를 이끌고, 어떤 이는 물질을 통해 인류를 변화시킨다. 권력도, 기술도, 이 모든 것은 인간이 신을 닮아가려는 하나의 방식일 수 있다. 말로 세상을 창조했다는 신처럼, 인간도 말과 지식으로 세상을 만들어간다.

이런 욕망은 어쩌면 혼란이 아니라 하나의 질서일지도 모른다. 하나님이 인간에게 닮기를 허락한 힘, 바로 그 욕망이 지금의 문명을 만들었다. 권력을 휘두르는 자, 기술을 개발하는 자, 질병과 맞서 싸우는 자, 모두가 다르게 표현된 인간의 가능성이다. 인간은 특별한 존재이기 때문이다.

과학은 아직도 모든 것을 설명하지 못한다. 신처럼 전능하지도 않다. 하지만 과학은 멈추지 않고, 인류는 계속해서 질문을 던지며 앞으로 나아간다. 그 끝이 어디일지 우리는 모른다. 그러나 그 끝을 향해 나아가는 그 자체가 인간 존재의 증명이다.

결국, 인생의 아름다움은 완벽이나 무결함이 아닌, 부족하고 고통스러운 이 삶을 매 순간 견디고, 조금 더 나은 쪽으로 향하려는 그 '의지' 속에 있다. 인간이기에 아프고, 인간이기에 더 나아가려 하며, 인간이기에 삶은 결국 아름답다.

젊은 세대와 함께
풀어야 할
현실의 무게

우리 사회는 겉으로는 '사천만 시대'를 말하지만, 그 이면을 들여다보면 인구 구성과 경제 구조는 점점 무게 중심을 잃어가고 있다. 젊은 인구는 줄고, 고령 인구는 늘어난다. 늙는다는 건 단순히 나이를 먹는 일이 아니다. 노동 시장에서 설 자리가 줄어들고, 돈을 벌기 더 어려워지는 삶의 구조적 전환을 의미한다.

하지만 젊다고 해서 상황이 나은 것도 아니다. 대

학을 졸업해도, 번듯한 일자리를 찾는 건 쉽지 않다. 모두가 공부했지만, 모두가 안정적인 일자리를 갖지는 못한다. 임금은 올라가고, 사업자는 인건비를 줄이려 한다. 그래서 경력 있고 월급을 적게 줘도 되는 40~50대에게 일을 맡기는 경우가 늘어난다. 젊은 세대가 기술을 배우고, 다음 세대를 준비해야 할 시기에 그 연결고리가 끊기고 있는 것이다.

젊은이들은 학자금 대출로 이미 빚을 안고 사회에 나온다. 결혼은 늦어지고, 출산은 미뤄진다. 교육비와 생활비는 끝이 없고, 단순히 "아이를 낳자"는 말은 공허하게만 들린다. 누군가는 말한다. 아이 하나 키우는 데 1억이 든다고. 그 말은 더 이상 과장이 아니다. 집 한 채 마련하는 데 걸린 세월보다 아이 한 명 키우는 일이 더 버겁게 느껴지는 시대에 우리는 살고 있다.

그렇기에 청년들이 결혼을 꺼리는 것도, 아이를 낳지 않으려는 것도 비난할 수 없다. 나 하나 버티기도 벅찬 현실 앞에서 무엇을 더 책임지겠다고 결심하는 건 큰 용기가 필요하다. 내가 스물네 살에 정신 차리고 돈을 모아 마흔둘에 겨우 집을 마련했듯, 누군가에겐 그조차도 요원한 일일 수 있다.

과거보다 사회 전반의 월급은 늘어났지만, 지출은 그보다 더 빠르게 늘어났다. 차, 교육비, 핸드폰 요금, 유류비, 집값, 어디 하나 빠지는 데가 없다. 돈을 벌어도 돈이 모이지 않는다. 사람들은 점점 "돈, 돈."을 말하게 된다. 살아남기 위해, 버티기 위해, 무엇보다 인간답게 살기 위해.

그러나 문제를 풀기 위해 필요한 건 비판보다 이해, 방관보다 실천이다. 젊은 세대가 미래를 포기하지 않도록 사회 전체가 함께 고민해야 한다. 단순히 출산율을 올리는 것이 목적이 아니라, '살 만한 삶'을 가능하게 하는 구조를 만들어야 한다. 발전은 국가의 힘이지만, 그 안에 사는 국민이 무너진다면 그 힘은 공허할 뿐이다.

우리는 지금 수렁에 빠지는 세상이 아니라, 함께 길을 찾는 세상을 만들어야 한다. 그리고 그 시작은 지금을 살아가는 사람들의 목소리에 진심으로 귀 기울이는 것에서부터 출발해야 한다.

인간과 신,
그 사이의 사유

불교는 인간 중심의 신앙이다. 부처는 인간에게 참는 법을 가르쳤고, 스스로의 수양과 고통의 인내를 통해 깨달음에 이르라고 말했다. 인간이 노력하면 궁극에 이를 수 있다는 믿음, 그 길 위에 있는 것이 불교의 세계다. 그에 반해 기독교는 하나님이라는 절대자를 중심에 둔다. 하나님은 이 세계를 창조했고, 필요하면 멸하기도 하며, 인간의 죄를 사하고 천국이라는 종착지를 제시한다.

인간은 늘 질문한다. 죽음 이후의 세계는 어디인가? 그 끝에 천국이 존재하는가? 불교는 윤회를 말한다. 다시 인간으로, 혹은 다른 존재로 태어나 고통과 기쁨을 반복하는 삶. 그러나 그 삶조차 어디에서 왔고, 어디로 가는지를 누구도 확언할 수 없다. 부잣집에 태어나 왕자처럼 살 수 있는 이는 극소수이며, 대부분은 고단한 삶을 살며 다시 태어날 미래를 알 수 없는 모험에 던져진다. 그러니 누군가는 이렇게 말할지도 모른다. 차라리 천국이 있었으면 좋겠다고.

하지만 천국은 여전히 신의 영역에 있다. 인간은 아무리 과학을 발전시켜도 죽음 이후의 세계를 밝히지 못한다. 권력을 가진 자, 과학자, 의사 누구도 그 문을 열지 못했다. 냉동 인간처럼 죽음 직전의 상태를 보존하려는 시도도 있었지만, 그것은 인간의 시간 속에 정지된 채 더 이상 나아가지 못했다. 과학은 일정 지점까지만 닿을 수 있었고, 그 너머는 여전히 신비에 가려져 있다.

사람들은 말한다. 우리는 삼차원에 살고, 사차원은 귀신의 영역이라고. 사차원의 존재는 과거에 머물며 꿈을 통해 자신을 드러낸다. 냉동인간은 꿈을 꿀 수 있을까? 죽음을 앞둔 이가 꾸는 마지막 꿈은 공포일까, 해방일까. 분명한 것은 과학이 상상 이상으로 발전했음에도, 인간은 아직 신의 그림자를 벗어나지 못했다는 사실이다.

이 세상은 오랫동안 신에 대한 믿음을 기반으로 움직여 왔다. 신을 닮고자 했던 인간의 갈망은 과학이라는 실천적 도전으로 구체화되었다. 하지만 여전히 우리는 인간이다. 한계를 넘고자 애쓰지만, 신의 자리에 오르기엔 갈 길이 멀다. 언젠가 인간이 천국을 만들 수 있을지도 모른다. 하지만 그날이 오기 전에, 인간 스스로가 소멸될 수도 있다는 생각은 우리를 다시 겸허하게 만든다.

결국 인간은 신이 될 수 있을까? 그 질문 앞에서, 우리는 다시 인간으로서의 자리로 돌아온다. 노력하고, 깨닫고, 묻고, 다시 사유하는 존재로서 말이다.

에필로그

**인생은
꿈이었다,
그리고
아직도
꿈이다**

어릴 적 나는 빨리 어른이 되고 싶었다. 돈을 많이 벌어 가난했던 우리 집을 부자로 만들고 싶었다. 그때는 그렇게만 되면 모든 게 다 해결될 줄 알았다. 학생 때는 노력조차 하지 않았으면서도, 여자든 돈이든 일이든 마음만 먹으면 다 될 거라고 철없이 믿었다. 그러나 나이가 들면서 현실은 생각과 달랐다. 돈은 쉽게 벌 수 없었고, 월급은 항상 부족했고, 이 회사 저 회사를 떠돌며 방황했다.

집을 나온 이후에는 막노동도 해봤고, 노숙자들과 술을 마시며 노숙을 경험한 밤도 있었다. 그때의 인생은 지금 돌이켜보면 꿈속 이야기처럼 비현실적으로 느껴진다. 그렇게 살다 보니 결혼할 나이가 되었지만, 여전히 돈이 없었고, 기술도 없었다. 언젠가 자연스레 찾아올 줄만 알았던 사랑은, 막상 맞닥트려 보니 준비가 되어야 가능한 일이었다.

자살을 생각할 만큼 막다른 골목에 선 적도 있다. 실제로 네 번째 층에서 떨어진 후에야 나는 깨달았다. 나는 정말 아무것도 아닌 존재였고, 그렇게 한심할 수가 없었다. 이후 형 밑에서 다시 일하며, 조금씩 돈도 모으고 집도 마련했다. 혼자 살면서 자유로움을 느꼈고, 하고 싶은 일은 다 하며 살아보았다. 그래도 가끔은 혼자보다는 둘이 낫지 않을까 하는 생각도 했다. 그러나 결혼할 여자는 없었다. 이 나이까지 혼자라는 사실은 조금은 쓸쓸하다.

내 삶을 후회하지는 않는다. 하지만 가끔은 '조금 더 잘할 수 있었는데' 하는 생각이 스친다. 사랑도 제대로 해보지 못했고, 돈을 많이 벌어놓지도 못했다. 그저 내 삶 하나를 가까스로 유지해온 것뿐이다. 어느덧 마흔둘, 적은 나이는 아니지만, 그렇다고 꿈을 포기할 나이도 아니다. 인생은 여전히 진행 중이다. 회사를 그만두는 그 순간이 아마도 내가 진짜로 변해야 할 때일 것이다.

앞으로 어떤 일이 기다릴지는 모른다. 성공할 수도, 실패할 수도 있다. 혹은 몸이 아파 더 이상 일할 수 없는 순간이 올지도 모른다. 그때가 되면 내가 가진 돈을 다 찾아서 수영장도 있고, 헬스장도 있고, 에어로빅도 있는 양로원에 가고 싶다. 조금이라도 건강이 남아 있을 때, 그곳에서 운동하고 바쁘게 살다가 조용히 생을 마감하고 싶다. 죽은 뒤 제사라도 지내주는 그런 양로원이면 더 좋겠지.

인생은 꿈이다. 젊은 날의 꿈은 추억으로 남고, 노년에는 그 추억을 품고 살아가는 것이 행복 아닐까. 그렇게 살다 가면 후회 없는 인생이 될 것이다. 나는 여전히 그렇게 믿고 있다. 그리고 오늘도, 조금은 더 나은 꿈을 꾸며 살아가려 한다.